# Carlos Devis

# CONVIERTA LOS PROBLEMAS EN OPORTUNIDADES

Guía para fortalecerse con las crisis,
haciendo lo que sabes, *mientras disfrutas tu vida*

LETRAFRESCA
Editorial Virtual

*ESTE LIBRO NO ES UNA LISTA DE INSTRUCCIONES,*

*ES UNA GUÍA PARA QUE DESCUBRAS TU PROPIO CAMINO.*

• *En lugar de decirte qué hacer, te ayudaré a decidir lo mejor para ti.*

• *En lugar de decirte cuánto vales, te mostraré cómo reconocerlo.*

• *Te ayudaré a ver qué te aleja de tus metas y cómo cambiarlo.*

• *Te demostraré una y otra vez que puedes lograr lo que quieras.*

• *Descubrirás las claves para mejorar tus relaciones y disfrutar más de la vida.*

**Lo más importante: entenderás que ya tienes el poder de transformar los problemas en oportunidades. Solo necesitas redescubrirlo.**

*Hace 35 años en plena juventud, Carlos Devis y yo escribimos la primera versión de este libro cuando yo era una periodista inexperta. Estábamos llenos de adrenalina recibiendo cajas enviadas por la editorial –con ese olor penetrante a meta cumplida–, que contenían las decenas de ejemplares de nuestro primer libro publicado.*

**El título nos embriagó:**
**CONVIERTA LOS PROBLEMAS EN OPORTUNIDADES.**

*Durante este tiempo, hemos recibido toda clase de mensajes generosos, de lectores de todas las edades, que relatan miradas de la vida más satisfactorias, en torno a la realización de metas y descubrimientos personales, que hablan sobre logros que antes ni se imaginaban que podían alcanzar y que, gracias al libro, han conseguido encontrar el camino correcto para llegar a este punto.*

*En estos 35 años, mi gran amigo, Carlos, coequipero en el camino de la vida, ha dedicado su sabiduría y entusiasmo a seguir creciendo y cultivando todas estas semillas que sembramos, pero ahora, a la sombra de robustos conocimientos y experiencias financieras y de liderazgo personal indiscutible.*

*Hoy, para bien de todos sus seguidores, que lo estaban esperando, nace una nueva idea que acojo con orgullo y, convencida de su éxito, celebro esta nueva versión de «Convierta los problemas en oportunidades», que se lanza al público ahora, apoyada en su gran experiencia como conferencista, tallerista, profesor y YouTuber con más de 1 millón de seguidores.*

*Buen viento y buena mar, Carlos. Muchos lectores amarán tu regalo.*

**María Mercedes Pérez.**

## A mi eterna amiga y mentora

*Le pedí a mi amiga y mentora, **María Mercedes Pérez**, que escribiera la primera página de este libro porque sin ella, tal vez, nunca habría podido escribirlo, ni este ni ninguno de mis libros. Además de ser una amiga entrañable, siempre presente con sus consejos claros y despiadadamente sinceros, fue quien me impulsó a escribir y publicar.*

*Me enseñó el valor de la sencillez en las palabras y el profundo respeto al lector. Juntos escribimos y crecimos con la primera versión de este libro. Ahora, a pesar de mis canas y arrugas, le pedí nuevamente su apoyo y su bendición para este proyecto, que lleva en su interior parte de su alma hermosa y sabia.*

*Por fortuna, esa misma alma ha iluminado muchas de las mayores decisiones de mi vida. **Gracias por estar en ella.***

## A mi amada esposa, Diana

*Por creer en mí como nadie lo ha hecho. Por darme el espacio y el apoyo para perderme en los libros durante días, semanas y meses. Gracias por cuidar de mí y de todos los detalles de mi vida, con un amor y una delicadeza que a veces siento que no merezco.*

*Por tu paciencia infinita con mis demonios, por tu fuerza y tu carácter, que me ayudan a tomar las mejores decisiones. Por tus consejos sabios y prácticos, por tu belleza, que es un regalo que ilumina mi vida.*

*Gracias, mi amor, por crear un hogar donde el amor y la familia son el centro. A nuestros amados hijos, Andrea, Juliana, Daniel y Carlos, quienes son lo más importante en mi vida. Gracias, porque ustedes han transformado mi mundo, convirtiendo cada desafío en una maravillosa oportunidad de amor y crecimiento.*

Gracias por la infinita paciencia e invaluable ayuda a
**Ana Milena Hoyos, Antonella Grasso,
Dani Rangel, Gloria Ortega y Gary Forero.**

# Contenido

# No tienes por qué leer todo el libro para beneficiarte.

No necesitas leer todo el libro para aprovecharlo. Cada sección te brindará herramientas y reflexiones útiles que puedes aplicar de inmediato. Descubre ideas clave, ejercicios prácticos y estrategias poderosas para transformar tu vida sin necesidad de seguir un orden estricto. Explora, aprende y avanza a tu propio ritmo, adaptando el contenido a tu realidad.

## Íconos utilizados en este libro

 **Pregunta Reflexiva:** Te invita a conectar con el texto y aplicar la reflexión a tu vida. Estas preguntas te ayudan a transformar problemas en oportunidades al entrenar tu mente en preguntas más empoderadas.

 **Intenta Esto:** Sugerencias prácticas para que, con pequeños pasos, logres grandes cambios. Son ejercicios simples pero poderosos para mejorar tu calidad de vida y resolver desafíos con acción inmediata.

 **Autodiagnóstico:** Ejercicios diseñados para que identifiques con claridad qué puedes mejorar y cómo hacerlo. Te permiten reconocer patrones, ajustar tu enfoque y tomar decisiones más acertadas en el momento.

 **Toma Nota:** Una invitación a capturar tus ideas y aprendizajes. Al escribir tus reflexiones y "ajás", refuerzas el autoconocimiento y aceleras tu proceso de crecimiento personal.

**TU ZONA DE CONFORT ES COMO UN SOFÁ VIEJO:** *CÓMODO, PERO NO TE LLEVA A NINGÚN LADO.*

# Introducción al viaje de transformación

A mí, la pregunta que me cambió la vida fue «¿Qué estoy haciendo mal si me estoy esforzando tanto?». Esa cuestión me atormentaba cada noche, dejándome agotado, pero incapaz de dormir. Por fuera, era el ejemplo perfecto de alguien que «lo hacía todo bien»: trabajaba incansablemente, leía cada libro de autoayuda, asistía a todos los talleres de mejora personal e incluso daba charlas para ayudar a otros.

Pero por dentro... por dentro me desmoronaba. Mi realidad era un contraste doloroso: mis finanzas colapsaban, mi matrimonio tambaleaba y mi salud se veía afectada por el estrés. Me sentía atrapado y simplemente no entendía qué estaba haciendo mal.

Tuve que tocar fondo (divorcio, quiebra, soledad) para darme cuenta de una verdad devastadora: había vivido toda mi vida intentando ser quien creía que debía ser: un empresario exitoso, un millonario admirado, el líder perfecto y el salvador de todos. Perseguía una versión de «éxito» que ni siquiera era mía.

Sin embargo, luego llegó el despertar. La transformación comenzó cuando me permití hacerme una simple pregunta: «¿qué quiero yo realmente?». Entonces, descubrí que no quería ser el próximo Steve Jobs o Warren Buffett, no necesitaba ser millonario o famoso, sino que solo necesitaba ser yo mismo y ya había logrado más de lo que me permitía reconocer.

Dicho esto, aquí comienza tu viaje. Te ayudaré a descubrir tus propias respuestas, te guiaré para que reconozcas y valores tus logros y te acompañaré para que definas TU versión del éxito.

Como dice Anthony Robbins, el cambio real no está en las respuestas que te den, sino en las preguntas que te hagas. Este libro te ayudará a descubrir: qué preguntas te haces cuando enfrentas problemas, cómo abordas las relaciones difíciles y qué te dices cuando los días no son como los esperas.

🖉 Para comenzar, te invito a que te respondas esta pregunta: ¿qué harías si nadie te estuviera mirando ni juzgando? Escribe tu respuesta, aunque sea una sola palabra.

Y si te quedas en blanco, no te preocupes. Esa también es una respuesta: es el reflejo de cuánto estás pensando en lo que otros esperan de ti en lugar de en lo que tú realmente deseas. Esta es una de las muchas preguntas que te harás a lo largo de este libro, y cada una tiene el poder de sacarte del ruido externo y acercarte a tu propia verdad.

Habrá ejercicios y reflexiones que podrás hacer con alguna persona cercana a ti, pues así crearás una experiencia diferente con esa persona.

Como nota personal, esta es la guía que desearía haber tenido cuando estaba perdido e intentando ser alguien más. Espero que te ayude a encontrar tu propio camino, aunque con más gentileza y menos dolor del que yo experimenté.

### *Tu bitácora hacia la transformación: el arte de navegar tu camino*

¿Alguna vez has tenido una gran idea, un descubrimiento personal o un momento de claridad... solo para olvidarlo días después? Es frustrante, ¿verdad? Ahora, imagina que tienes un espacio donde capturar esos destellos de sabiduría antes de que se desvanezcan, un lugar que se convierta en el mapa de tu transformación personal.

### *Eso es lo que quiero que crees: tu propia bitácora*

¿Por qué una bitácora? Piensa en los grandes navegantes de la historia. Antes de zarpar, siempre preparaban su bitácora: un espacio para registrar descubrimientos, reflexionar sobre errores y celebrar pequeñas victorias. Sabían que cada descubrimiento merecía ser registrado, cada error evitado valía por dos aprendidos y que cada victoria, por pequeña que fuera, construía el camino al éxito.

Como ellos, estás a punto de embarcarte en un viaje único: tu transformación personal. Y como todo gran viaje, merece ser documentado. Tu bitácora será más que un diario: te ayudará a reconocer patrones, registrar momentos clave y celebrar tu progreso mientras sigues avanzando.

Para crear tu bitácora, primero elige el formato que más resuene contigo:

• *Cuaderno físico:* perfecto para reflexiones profundas y momentos de desconexión digital.
• *App digital:* muy útil para registrar todo con tu celular, que siempre está a la mano.
• *Documento digital:* excelente para escritores ávidos que quieren editar y compartir.

Segundo, estructura tus entradas para que sean simples y efectivas. Yo te recomiendo que lo hagas así:

1. *Fecha:* día y hora.
2. *Descubrimiento:* ¿Qué aprendiste hoy?
3. *Reflexión:* ¿Cómo te sientes al respecto?
4. *Siguiente paso:* ¿Qué harás con este aprendizaje?

**16**

Este es un ejemplo real:

**13 de noviembre del 20..**

Hoy me di cuenta de que tiendo a decirles que «sí» automáticamente a tareas que no disfruto (descubrimiento). Me siento frustrado por no proteger mejor mi tiempo, pero también emocionado por ser consciente de este patrón (reflexión). Practicaré para decir «déjame pensarlo» antes de aceptar nuevas responsabilidades (siguiente paso).

Ahora, tu bitácora no te servirá de nada si no la mantienes viva, así que ten muy en cuenta estos consejos:

### 1. Haz que sea simple.

Una línea es mejor que ninguna. No busques la perfección; escribe como si le hablaras a un amigo.

### 2. Hazlo consistentemente.

Conecta tu bitácora con una rutina diaria (por ejemplo, escribir antes de dormir).

### 3. Haz que sea significativo.

Registra lo que de verdad importa, incluyendo tus victorias, desafíos y preguntas importantes.

He trabajado con muchas personas en sus procesos de transformación y he visto cómo una simple bitácora puede convertirse en el mapa del tesoro más valioso: el camino hacia tu mejor versión. Como te digo, esta bitácora será mucho más que un simple diario; será la confidente de tus dudas, la testigo de tus logros y la compañera que necesitas. Recuerda: no hay una forma correcta o incorrecta de llevar tu bitácora. La única regla es que te sirva a ti y a tu propósito.

**NO HAY VIRTUD QUE NO PUEDA CONVERTIRSE EN DEFECTO,** *NI DEFECTO QUE NO PUEDA TRANSFORMARSE EN UNA CUALIDAD.*

# PARTE UNO

# Valora lo que has logrado

***Descubre al héroe oculto que hay en ti:***
***el poder de tus logros invisibles***

A veces sentimos que los demás no creen en nosotros.
Recuerdo un taller donde le pregunté a un joven soldado:

–¿Cuál es tu mayor logro?
Su respuesta me sorprendió:
–Nada... no he conseguido algo que valga la pena contar.

Tal vez, como él, alguna vez has sentido que tus esfuerzos
no son reconocidos o, peor aún, que subestimas tus
propios logros.

Este joven provenía de una familia humilde donde era común abandonar la escuela. A los 14 años, su padre le pidió que dejara los estudios para trabajar. Pero él tomó una decisión diferente. Consiguió empleo en una panadería, donde dormía sobre sacos de harina y se levantaba a las 3 de la mañana para trabajar antes de ir a la escuela.

Cada sacrificio lo acercaba más a su meta. Terminó la secundaria, se unió al Ejército y comenzó a prepararse para la universidad. Tal vez, como él, has superado obstáculos y aún sientes que no has hecho nada extraordinario.

 ✎ *¿Qué logros silenciosos has alcanzado que ni siquiera tú has valorado lo suficiente?* Elige uno de esos logros y describe cómo podrías celebrarlo o reconocerlo de manera tangible esta semana.

🖊 Ahora haz una lista de esas cualidades que has usado repetidamente para alcanzar tus metas y que son tu «arma secreta» en los momentos más difíciles. Elige una de estas cualidades y describe cómo podrías aplicarla a un desafío actual.

Has superado desafíos que parecían imposibles. Usa esa misma fuerza para seguir avanzando. ¿Qué harás diferente hoy?

### El poder de reconocer tu propio potencial

Mi historia no es extraordinaria. Crecí en una familia con dificultades económicas y comencé a trabajar desde los 14 años, vendiendo en las calles de Bogotá. Compartía un cuarto con desconocidos y, a veces, apenas tenía para comer. Además, tenía dos mudas de ropa: una que me quitaba por la noche y otra que me ponía al día siguiente, que era la misma. Entonces, solo era una en realidad.

Millones de personas pueden contar lo mismo y otros millones más han tenido vidas aún más desafiantes y difíciles. Sin embargo, mi historia «ordinaria» fue extraordinaria para mí, y en ella, como en la tuya, puedes encontrar grandes tesoros que quizás para otros no tengan importancia. No obstante, los usamos para cambiar nuestra vida para siempre y eso es lo que quiero ayudarte a reconocer.

Recuerdo muy bien un martes nublado en Bogotá. Tenía 12 años y estaba sentado en mi pupitre. La profesora entró y dijo mi nombre:

–Devis, te necesitan en la Secretaría.

Mi cuerpo se tensó y sentí un escalofrío.

Sabía lo que eso significaba.

Esa fue la última vez que pisé ese colegio. Mi madre apenas podía pagar la renta y mi padre, con problemas de alcoholismo, había desaparecido. Pero ese día algo cambió en mí.

Entré a un colegio nuevo y más económico cuando ya el año escolar estaba avanzado. No entendía el sistema de enseñanza, me sentía inseguro y perdido, no sabía buscar amigos y tal vez por eso me gané entre mis compañeros la fama de antipático y arrogante. Me convertí en el centro de burlas.

Un profesor me dijo algo que cambiaría mi vida para siempre:

–Devis, demuestre lo que usted es. No crea lo que le digan los demás. Yo sé que usted va a llegar muy lejos. Tiene un talento especial.

No sé por qué, pero yo le creí .

En realidad, yo no tenía nada de especial: era un muchacho conflictivo, atormentado y mal estudiante, pero esas palabras encendieron una chispa. Decidí que mis hijos nunca pasarían por lo que yo estaba pasando. No sabía qué era un sueño o una meta, pero había encontrado una dirección para mi futuro, que dependería de lo que yo decidiera a pesar de las circunstancias. Por supuesto, en ese momento yo no entendía esta teoría y solo había expresado para mí un «¡no más de esto, es suficiente!»

Entonces, a partir de ese momento, decidí cambiar mi vida. Vendía corbatas en la calle después de clases, limpiaba ventanas los fines de semana y hacía lo que fuera necesario para ganar dinero. Cada vez que sentía que la vida me empujaba hacia abajo, me repetía: «ellos NO saben lo que yo soy verdaderamente».

*Reconoce tus logros y potencial:* ¿Alguna vez te has preguntado cuáles son tus verdaderas fortalezas? A menudo subestimamos nuestros logros o los vemos como algo «normal», pero cada meta que alcanzaste, cada obstáculo que superaste es una prueba de tu capacidad y determinación.

Este ejercicio te ayudará a identificar y valorar tus logros más importantes. También descubrirás qué cualidades los hicieron posibles y cómo aplicarlas a los desafíos actuales. En solo unos pasos, podrás:

### 1. Reconocer tus logros:
Dar valor a lo que has superado, incluso si otros no lo notaron.

### 2. Identificar tus cualidades clave:
Esas «armas secretas» que siempre te han llevado más allá.

### 3. Conectar con tu potencial:
Usar esas mismas habilidades para enfrentar lo que ahora parece difícil.

### 🖉 Tu fuerza está en lo que ya has logrado:
Este ejercicio te mostrará cómo usar esas victorias pasadas para avanzar hacia nuevos horizontes. Observa este cuadro con ejemplos de logros y haz uno con lo que tú has conseguido.

 # ESCRIBE UN EJEMPLO:
## DE TUS LOGROS Y FORTALEZAS

| ÁREA |  LOGRO DIFÍCIL |  TUS CUALIDADES |
|---|---|---|
| **CRECIMIENTO** P E R S O N A L | ☞Terminé un curso de certificación mientras trabajaba tiempo completo. | ☞Disciplina, organización, perseverancia. |
| **CONEXIONES** S I G N I F I C A T I V A S | ☞Recuperé una relación con un amigo con quien tuve un desacuerdo importante. | ☞Empatía, paciencia, habilidades de comunicación. |
| **I M P A C T O** Y  L E G A D O | ☞Ayudé a un grupo comunitario a recaudar fondos para una causa importante. | ☞Compromiso social, habilidades de organización. |
| **S A L U D** Y  V I T A L I D A D | ☞Logré perder peso al adoptar un hábito constante de ejercicio y alimentación saludable. | ☞Disciplina, capacidad para cambiar hábitos, auto-motivación. |
| **A V E N T U R A** Y DESCUBRIMIENTO | ☞Organicé un viaje sola a un lugar desconocido, superando mi miedo a la incertidumbre. | ☞Curiosidad, valentía, independencia. |
| **CREATIVIDAD** E  I N N O V A C I Ó N | ☞Escribí y publiqué mi primer relato corto en un blog. | ☞Creatividad, valentía, deseo de compartir mi visión. |
| **P R O P Ó S I T O** Y ESPIRITUALIDAD | ☞Encontré consuelo y claridad al escribir un diario personal durante una etapa difícil. | ☞Reflexión, autoconciencia, resiliencia emocional. |
| **ABUNDANCIA** Y  R E C U R S O S | ☞Ahorré para un fondo de emergencia alcanzando mi objetivo financiero en 6 meses. | ☞Planificación, disciplina, visión a largo plazo. |

**24**

|  ESTAS CUALIDADES LAS HE USADO EN: |  APLICA HOY ESTAS CUALIDADES PARA |  REFLEXIÓN FINAL |
|---|---|---|
| ☞ Aprender un idioma, completar un proyecto personal importante. | ☞ Crear un plan para aprender programación dedicando 30 minutos diarios. | ☞ Reconozco que soy capaz de alcanzar metas difíciles si me comprometo con un plan claro. |
| ☞ Mejorar la comunicación con mi pareja, fortalecer relaciones familiares. | ☞ Usar mi empatía para resolver un conflicto pendiente con un compañero de trabajo. | ☞ Mis relaciones mejoran cuando elijo comunicarme de manera auténtica y abierta. |
| ☞ Coordinar eventos en mi vecindario, mentorear a estudiantes o compañeros. | ☞ Usar mis habilidades para organizar una jornada de voluntariado en mi lugar de trabajo. | ☞ Reconozco el impacto positivo que puedo tener en mi comunidad y mi entorno. |
| ☞ Mejorar mi calidad de sueño, mantener un horario regular de descanso. | ☞ Establecer un horario fijo para realizar actividad física tres veces por semana. | ☞ Mi compromiso conmigo mismo genera grandes mejoras en mi bienestar físico y mental. |
| ☞ Explorar nuevas actividades culturales, aprender un idioma diferente. | ☞ Planificar una experiencia nueva como asistir a un evento cultural único. | ☞ Explorar nuevas experiencias me abre la mente y me enriquece. |
| ☞ Crear presentaciones innovadoras en mi trabajo, participar en proyectos artísticos. | ☞ Dedicar tiempo a escribir un artículo o una idea que siempre he querido desarrollar. | ☞ Mi creatividad es una herramienta poderosa para expresarme y conectar con los demás. |
| ☞ Superar otros desafíos personales con prácticas de introspección. | ☞ Dedicar 10 minutos al día para escribir en mi diario y reflexionar sobre mis metas. | ☞ Mi conexión conmigo mismo se fortalece cuando reflexiono y me permito crecer. |
| ☞ Lograr estabilidad económica, planificar un viaje sin preocupaciones financieras. | ☞ Crear un presupuesto mensual detallado para ahorrar para mi próximo objetivo importante. | ☞ Mi capacidad de gestionar mis recursos me da tranquilidad y libertad. |

**25**

***ELEGIR LA PAZ INTERIOR
NO SIGNIFICA EVITAR
LOS PROBLEMAS,***
*SINO APRENDER Y CRECER
A TRAVÉS DE ELLOS.*

✏ Cada logro cuenta, y cada cualidad que has utilizado tiene el poder de guiarte hacia nuevas metas. Reflexiona sobre lo que has escrito y utiliza estas respuestas como recordatorio de tu fuerza y potencial. Cada desafío es una nueva oportunidad para brillar. Comparte tu reflexión con alguien cercano y, si lo consideras oportuno, ayúdale a reconocer sus propios logros.

Ahora, cierra los ojos por un momento. Imagina que alguien en quien confías plenamente te dice justo lo que necesitas escuchar en este momento. ¿Qué te diría? Escríbelo.

***Descubre la inspiradora historia de Stanley en el episodio 475 de nuestro podcast:***

CANAL ▶ YouTube
CARLOS DEVIS

Este inmigrante dominicano, arquitecto de profesión, comenzó trabajando como electricista en condiciones desmotivantes y con muy pocos recursos. Sin embargo, su vida cambió con su primera inversión: una casa quemada que remodeló con sus propias manos para generar ingresos por renta. En solo un año, dejó su trabajo, ajustó sus gastos y se enfocó en construir flujo de efectivo. Hoy, a sus 40 años, Stanley posee 27 propiedades de alquiler, alcanzando estabilidad financiera y transformando su vida. ¡No te pierdas esta historia de superación y determinación!

✏ **Piensa en ese momento en que dijiste «¡basta!»,** ¿Cómo puedes aplicar esa misma determinación hoy?

Descubre más recursos valiosos
misrecursos.org

**27**

### El sueño que transformó tu camino

Cuando te comprometes con un sueño:

**1.** Los días se vuelven más intensos y llenos de propósito.

**2.** Descubres recursos que no sabías que tenías.

**3.** La «motivación» deja de ser un problema y tu compromiso te impulsa.

El compromiso con mi sueño cambió mi vida. Me convertí en abogado, fundé empresas, enfrenté fracasos y volví a empezar. Tras 31 años de matrimonio, me divorcié, pero encontré una nueva oportunidad para construir otra familia con más sabiduría. Encontré a Diana, mi esposa actual, quien me ha ayudado a expresar sin límites lo mejor de mí; me ha enseñado una nueva dimensión de las relaciones, su carisma y sabiduría son una luz que me da claridad y paz y sus dos hijos han sido un regalo invaluable para mi vida.

¿Cuántos nuevos comienzos y finales me han permitido descubrirme una y otra vez? ¿Acaso no ha sido lo mismo para ti?

Logré metas que jamás me imaginé. Mis hijos vivieron como soñé, y aunque cometí grandes errores en el camino, cada fracaso me enseñó una lección invaluable. El dolor, la frustración, la soledad y el miedo fueron los motores que me empujaron a cambiar mi vida para siempre.

 *¿Cómo ha transformado tu vida el comprometerte con un sueño del que sientes orgullo?* ¿Qué crees que podrías lograr si te comprometieras al 100 % hoy mismo? ¿Qué acción específica realizarás esta semana que te va a acercar más a ese sueño?

🖊 ¿Qué «crisis» o desafío de tu vida podrías reinterpretar como una oportunidad para comprometerte con un sueño transformador? Una vez identificada esta «crisis», ¿qué harás esta semana para comenzar a transformarla en una oportunidad?

Las crisis pueden hundirte o impulsarte. Tú decides.

### *Descubre una historia de esfuerzo y transformación que inspira | Episodio 340*

Una mujer nacida en un entorno humilde, marcada por los valores del trabajo y la perseverancia, comenzó vendiendo frutas y verduras junto a su madre. Su dedicación la llevó a aprender sobre negocios desde joven y, más tarde, a destacarse en una fábrica de chocolates gracias a su creatividad e iniciativa. Sin dejarse vencer por las limitaciones, se convirtió en emprendedora, iniciando con pequeñas inversiones y superando desafíos. A sus 60 años, ha alcanzado el éxito como empresaria, invierte en bienes raíces y ha educado a su hija mientras construye su propio negocio. Su historia demuestra el poder de reinventarse y aprovechar cada oportunidad.

### *Lecciones profundas al final de la vida*

En el libro *Los cinco mandamientos para tener una vida plena*, Bronnie Ware identificó los cinco arrepentimientos más comunes de las personas al final de sus vidas gracias a su experiencia como enfermera de cuidados paliativos. Estos son:

**1. «Ojalá hubiera tenido el coraje de vivir una vida fiel a mí, no la vida que otros esperaban».**

Muchas personas se dieron cuenta demasiado tarde de que no habían perseguido sus sueños ni vivido según sus propios valores, dejando de lado lo que realmente les importaba por cumplir expectativas ajenas.

**2. «Ojalá no hubiera trabajado tanto».**

Este arrepentimiento era común, especialmente entre los hombres. Muchos lamentaron haber pasado tanto tiempo en el trabajo y no haber compartido más momentos con sus seres queridos o dedicándose tiempo a ellos mismos.

**3. «Ojalá hubiera tenido el valor de expresar mis sentimientos».**

Al reprimir sus emociones para mantener la paz o evitar conflictos, muchas personas se dieron cuenta de que no fueron auténticas ni con ellas mismas ni con otros, lo que las llevó a tener relaciones insatisfactorias y resentimientos.

**4. «Ojalá hubiera mantenido el contacto con mis amigos».**

Muchas personas se arrepintieron de no haber dedicado tiempo a sus amistades y haber dejado que las relaciones se desvanecieran con el tiempo, lamentando la falta de conexión y apoyo emocional al final de su vida.

**5. «Ojalá me hubiera permitido ser más feliz».**

Sorprendentemente, muchos se dieron cuenta de que su felicidad era una elección. Mirando hacia atrás, desearon haber disfrutado más de la vida, permitiéndose experimentar más alegría y dejando de lado preocupaciones y viejas rutinas. Estos arrepentimientos revelan la importancia de vivir de acuerdo con los propios deseos y valores, fomentar relaciones significativas y no posponer la felicidad.

**30**

*Imagina que hoy es tu última oportunidad de mirar hacia atrás*, así que cierra los ojos por un momento y piensa que hoy es tu último día en la Tierra. ¿Te sientes orgulloso? ¿Te sientes frustrado? ¿Sientes que te faltó vivir? ¿Qué es lo que más te pesa no haber hecho? Si pudieras volver atrás, ¿cómo evitarías sentir ese peso y llenar ese vacío sin dejar pendientes en tus relaciones, tus sueños y tu felicidad, pero, sobre todo, sin dejar pendientes contigo? ¿Qué cambios harías para que, al final de tu vida, pudieras sentir que viviste plenamente?

### Las prisiones invisibles que nos limitan

«Ahora tú eres el hombre de la casa. Tienes que cuidar a tus hermanos.» Esa frase cambió mi vida. Yo tenía apenas 12 años, y asumí una responsabilidad que no me correspondía. Me convertí en el «salvador» de mi familia, un rol que después extendería a todas mis relaciones.

El patrón era claro:

• Me sentía responsable de la felicidad de los demás.
• Priorizaba las necesidades ajenas sobre las mías.
• Creía que mi valor dependía de cuánto podía ayudar a otros.

El precio fue alto: viví relaciones desequilibradas donde solo daba y nunca recibía, sentía agotamiento emocional constante y perdí conexiones valiosas por descuidar mis propias necesidades.

### El alto precio de querer ser Superman

Desde los 14 años, asumí el rol de "hombre de la casa" y logré grandes cosas como abogado. Pero mientras construía una imagen de éxito y autosuficiencia, me desconecté de quienes más importaban, incluida mi familia.

Parecía tenerlo todo, pero me sentía solo. Al enfrentar mi vulnerabilidad, aprendí que la verdadera plenitud no está en la perfección, sino en aceptar mis imperfecciones, permitirme recibir y conectar genuinamente con los demás.

Los roles que adoptamos pueden ser una fuente de fortaleza, pero también pueden convertirse en prisiones invisibles que limitan nuestro crecimiento. ¿Cómo saber si un rol te está frenando? Observa si genera un desequilibrio en tu vida o afecta negativamente tus relaciones.

### *Ejemplo: El rol del productor*

En una etapa de mi vida, trabajé con jóvenes inmigrantes en Estados Unidos. Recuerdo a un muchacho salvadoreño muy talentoso, quien, recién llegado del campo en su país, se paraba por horas en una calle transitada y anotaba cuántos autos pasaban en diferentes lapsos de tiempo. Lo hizo durante días después de la escuela, sin importar el frío y el viento del invierno. Cuando una profesora le preguntó por qué lo hacía, respondió:

—En mi pueblo, yo era el mejor contando las vacas cuando entraban al establo. Mis padres me lo agradecían con entusiasmo.—

La profesora vio su potencial y lo involucró en clases avanzadas de Álgebra y Física. Con el tiempo, consiguió una beca universitaria.

Pero, ¿qué habría pasado si no hubiera encontrado ese espacio para resignificar su habilidad? Tal vez se habría quedado atrapado en un rol que en su entorno original tenía sentido, pero que limitaba su crecimiento en un nuevo contexto.

### *¿Cómo identificar si estás atrapado en un rol?*

Todos asumimos ciertos roles en la vida, pero el problema surge cuando se vuelven una carga en lugar de una fortaleza.

### *Señales de que un rol se ha vuelto una prisión:*

- Sientes que no puedes decir «no» sin culpa.
-Tus relaciones se han vuelto unidireccionales:
solo das y no recibes.
-Te agotas emocionalmente, pero sigues actuando igual.
- Crees que tu valor depende de «salvar» a otros.

# MI TALENTO LO USO PARA *BUSCARLE PROBLEMA A TODO*

# MI TALENTO LO USO PARA *CREAR OPORTUNIDADES CON TODO*

Estos patrones pueden comenzar con eventos traumáticos, mensajes familiares («debes cuidar a todos») o la búsqueda de validación a través de la ayuda que brindas

***Cómo transformar los roles en equilibrio saludable***
***Ejercicio: Reflexiona sobre tus roles***

### *Paso 1: Identifica tus patrones.*
Piensa en los roles que asumes en distintos ámbitos:
¿Eres el "protector" en tu familia, pero el "sabelotodo" en el trabajo? ¿Cómo se manifiestan estos roles en tu día a día?

### *Paso 2: Evalúa si están en equilibrio.*
¿Te sientes bien en ese rol o te desgasta?
¿Cómo ha impactado tus relaciones y bienestar?

### *Paso 3: Busca un nuevo enfoque.*
¿Cómo puedes seguir ayudando sin agotarte?
¿Qué límites necesitas establecer?

### *No eres tu rol, eres mucho más que eso*
Victor E. Frankl decía:
«No hay virtud que no se pueda convertir en defecto, ni defecto que no se pueda convertir en virtud».

Los roles que adoptamos pueden impulsarnos o limitarnos.

### *Tú decides cómo usarlos a tu favor.*
Todos en la vida asumimos uno o varios de estos roles o puede que alguien lo asuma con nosotros. ¿Y cuándo es mucho? Solo tú puedes decidir si ese rol está creando desbalance en tu vida o en la de otros, si sientes que no es justo contigo o si encuentras que está maltratando tus relaciones.

### El siguiente cuadro te ayudará a:

• Reconocer patrones: identificar los roles que desempeñas y cómo estos varían en diferentes contextos o con distintas personas.

• Reflexionar: comprender si estos roles están en equilibrio o si algunos se han vuelto cargas que limitan tu bienestar.

• Actuar: pensar en formas de transformar estos patrones en comportamientos saludables que nutran tus relaciones y tu crecimiento personal.

### Cómo usar el cuadro de roles:

**1.** Explora cada rol: lee detenidamente las señales, frases típicas y los precios asociados.

**2.** Identifica variaciones: reflexiona sobre cómo los roles pueden manifestarse de manera distinta según la persona o situación. Por ejemplo:

• ¿Eres el «protector» con tu pareja, pero el «sabelotodo» en el trabajo?

• ¿Qué intensidad tiene ese rol en tu vida diaria?

**3.** Anota tus reflexiones: haz una lista de los roles con los que te identificas y las áreas de tu vida donde son más evidentes.

**4.** Busca balance: reflexiona sobre qué aspectos puedes ajustar para que los roles que desempeñas no te limiten, sino que te impulsen hacia una vida más plena.

El objetivo no es juzgarte, sino ayudarte a observar con claridad los roles que asumes, entender su propósito y, si es necesario, transformarlos para que trabajen a tu favor. Recuerda que no eres tus roles; eres mucho más que ellos.

AUTOEVALUACIÓN: IDENTIFICACIÓN
# DE ROLES LIMITANTES
*¿CUÁNTO TE IDENTIFICAS CON CADA ROL? 0 1 2 3 4 5*

| ROL DE PERSONA *EJEMPLOS* | SÍNTOMAS *EJEMPLOS* | FRASE TÍPICA *EJEMPLOS* | PRECIOS QUE PAGAS *EJEMPLOS* |
|---|---|---|---|
| ☞ Productora | Culpa por descansar, lista interminable | "No puedo perder el tiempo" | Relaciones descuidadas, pérdida de disfrute |
| ☞ Protectora | Ansiedad por otros, control excesivo | "Yo me encargo" | Tensión, miedo, relaciones dependientes |
| ☞ Obediente | Dificultad para decidir, miedo al conflicto | "Lo que tú digas" | Resentimiento oculto, oportunidades perdidas |
| ☞ Perfeccionista | Se paraliza, crítica constante | "Podría estar mejor" | Parálisis, ansiedad, relaciones tensas, autocrítica |
| ☞ Supermujer Superhombre | No pide ayuda, sobrecarga de tareas | "Yo puedo sola" | Agotamiento físico y emocional, soledad, autopresión |
| ☞ Salvadora | Límites débiles, agotamiento emocional | "¿Puedo ayudarte?" | Agotamiento, manipulación, malas relaciones |
| ☞ Sabelotodo | Siempre tiene la razón y la verdad | "De hecho..." | Conflictos frecuentes, aprendizaje limitado |
| ☞ Capitán del Mundo | Control excesivo, delegación difícil | Si no lo hago yo, no queda bien | Estrés, soledad, equipos, desmotivados |

Las calificaciones son solo puntos de referencia para reflexionar, no instrucciones definitivas. Cada aspecto y momento tiene un contexto único que puede influir en los resultados.

***Nota:*** este cuadro no es un diagnóstico es solo una reflexión, para ayudarte a reconocer en dónde sientes desbalances. Estos roles no son villanos, sino que fueron tus protectores cuando los necesitabas. Ahora pueden transformarse en aliados si los conoces y los integras conscientemente. Tu rol no es tu identidad. La verdadera libertad comienza cuando reconoces que puedes soltar el papel que has estado interpretando y simplemente ser tú mismo. Considera compartir tu reflexión con tus personas cercanas.

### *¿Cómo resolver el peso de tus problemas en cinco minutos?*

*¿Qué es un problema?:* Es un desafío, una diferencia, un obstáculo entre lo que se quiere y lo que es o lo que se entiende que es. Por ejemplo: Dos hermanos en las mismas condiciones, con la misma edad y que viven en la misma casa pueden percibir su vida de formas distintas; uno la ve como problemática y el otro como maravillosa. La misma cantidad de dinero para alguien puede ser un problema.

Una persona en una silla de ruedas que apenas tiene para comer, puede decir que ama su vida, que no tiene problemas, mientras otra con movilidad completa y acceso a comodidades se siente llena de problemas y limitaciones. Cada persona decide en cada momento que es o que no es un problema para ella.

El significado de un problema no está en las circunstancias, sino en cómo eliges interpretarlas. Reconocer que tú decides qué es un problema y cómo enfrentarlo te da el poder de transformar los obstáculos en oportunidades.

✏️ Te reto a dedicar cinco minutos para ganar claridad, energía y paz. Haz una lista de todo lo que te preocupa o molesta, desde pensamientos recurrentes hasta problemas concretos. Incluye tus quejas, resentimientos, miedos o reproches. Por ejemplo: «hace demasiado calor/frío», «odio los lunes», «perdí mi trabajo, ¿qué haré?», «mi pareja debería ser más comprensiva», «mis hijos no son agradecidos», «hay mucha inseguridad», «la situación política es terrible», «tengo muchas deudas», etc.

✏️ Esta acumulación de pensamientos y preocupaciones, reales o no, afecta nuestra calidad de vida. Al escribirlos, podrás identificarlos y comenzar a aligerar esa carga emocional.

USTED SIEMPRE HA TENIDO A SU ALCANCE
LAS LLAVES QUE ESTÁ BUSCANDO

**40**

¿Ya tienes tu lista? Si no, te sugiero que la escribas, no solo la pienses. Ahora clasifícala usando los siguientes números.

**1.** *Problema imaginario o exagerado:* existe solo en tu mente, como preocupaciones sin fundamento o miedos irracionales. Cambia tu actitud y deja de gastar energía en ellos. Pregúntate: ¿Estoy amplificando este problema innecesariamente? ¿Cómo puedo soltar este pensamiento?

**2.** *Problema fuera de tu control:* acepta lo que no puedes cambiar, enfócate en lo positivo y ajusta tu actitud. Pregúntate: ¿Qué puedo aceptar en esta situación? ¿Cómo puedo concentrarme en mi respuesta en lugar de en el problema?

**3.** *Problema bajo tu control y sin acción:* puedes resolverlo, pero no lo has hecho aún. Decide actuar. Pregúntate: ¿Qué me detiene? ¿Cuál sería el primer paso pequeño que podría tomar hoy para avanzar?

**4.** *Problema bajo tu control y con acción: ya estás trabajando en resolverlo.* Valoras tu progreso y mejoras tu enfoque. Mantienes la meta presente y eres coherente con tus acciones. Pregúntate: ¿Cómo puedo valorar mi progreso y ajustar mi enfoque para mantener mi motivación? ¿Hay algo más que podría hacer y no estoy haciendo?

Al clasificar tus problemas, notarás que algunos son menos graves de lo que pensabas, porque la percepción los amplifica o reduce. Los problemas son eventos o pensamientos; tú decides cuánto peso darles.

La calma o la angustia no dependen de la situación, sino de la forma en que se piensa. Puedes alimentar ciertos pensamientos o dejarlos ir; tienes el poder de elegir tu enfoque.

Usa este ejercicio: Haz una lista de problemas, del más grande al más pequeño, y analiza patrones en tus pensamientos para tomar las decisiones necesarias, ya sea cambiando tu percepción o enfocándote en lo que puedes cambiar para aliviar tu carga emocional.

¿Cuántas veces nos detenemos frente a los obstáculos, cuando quizás lo único que necesitamos es dar un paso hacia el cambio?

Flor no terminó la primaria; durmió en la calle cuidando su modesto carrito de comida; cuidó sola de sus tres hijos, dos de los cuales tienen problemas de salud que les impiden ser funcionales. A pesar de todas las dificultades, Flor decidió que no sería víctima de las circunstancias, sino protagonista de su transformación. Hoy, Flor tiene más de siete puertas que generan ingresos pasivos, asegurando un futuro estable para ella y su familia. Su logro no es solo financiero, es emocional, mental y espiritual. Es el fruto de elegir la acción en lugar de la resignación.

**Su historia nos invita a reflexionar | Episodio 488**

¿Cuántas veces nos detenemos frente a los obstáculos, cuando quizás lo único que necesitamos es dar un paso hacia el cambio?

**La loca de la casa: cuando exageramos los problemas:**
El concepto de «la loca de la casa», acuñado por Santa Teresa de Jesús en el siglo XVI, describe los pensamientos y emociones descontrolados que distraen, especialmente durante la oración y la meditación. Santa Teresa comparaba la mente con una «loca» que corre desenfrenada, perturbando el foco. Con el tiempo, esta expresión se ha convertido en una metáfora para el pensamiento caótico y la dificultad de mantener la atención, ilustrando la lucha interna por dominar la mente y canalizarla hacia un pensamiento más ordenado.

Cuando tenía 22 años, estaba enamorado de una muchacha a quien le gustaba otro joven. Yo me ilusionaba con cualquier sonrisa o palabra de ella hacia mí. Una noche, por teléfono, le dio un no rotundo a mis intenciones. Colgué y me tumbé a llorar, desconsolado, sintiendo el dolor en todos los músculos de mi cuerpo. Lloraba y lloraba, pero al mismo tiempo una parte de mí se sentía en paz porque sabía que todo pasaría, que yo no era ese dolor ni esas emociones. Piensa en un momento en el que, aunque sentiste rabia o tristeza, lograste cambiar tu estado emocional. Por ejemplo, mientras discutes con alguien cercano, recibes una llamada de tu jefe y decides conectarte con empatía y gentileza.

Cuando estás triste y aparece un ser querido, decides mostrar ternura en lugar de dolor. Al terminar, puedes regresar a esas emociones porque las eliges, no porque no puedas cambiarlas.

La verdad es que puedes cambiar tus pensamientos y emociones cuando quieras. No necesitas que algo externo cambie para sentirte mejor. Si tus pensamientos te abruman, decide quitarlos del centro de tu atención. Respira, camina, concéntrate en el presente. Recuerda que tú no eres tus pensamientos ni tus emociones. Tú tienes el control.

Aunque las emociones intensas por traumas o situaciones difíciles pueden ser más complejas de manejar, el primer paso es reconocer que las estás creando. Poco a poco, puedes quitarles poder, priorizando tu paz. Finalmente, cuestiona tus pensamientos y emociones. Si lo necesitas, busca ayuda profesional, pero recuerda que la decisión de recuperar tu bienestar es tuya.

• Reconoce que tú no eres tus pensamientos o emociones; tú decides a qué pensamientos o emociones les das atención y a cuáles no.
• Respira y toma tiempo en calma.
• Cuestiona tus pensamientos y tus emociones.

✐ *Pregúntate: ¿Es esto cierto? Si dejas que la 'loca de la casa' maneje tus pensamientos y emociones, ¿cómo afecta eso tus días y relaciones?* Durante las próximas 24 horas, reconoce cuando le estés dando poder a tus pensamientos de «la loca de la casa» y observa cómo te sientes y cómo afectan la calidad de tus días.

*Antonella, una mujer de 34 años, | Episodio 441* logró vencer a la loca de la casa y a sus pensamientos limitantes. Vivía en un pueblo pequeño con dificultades económicas, y la llamaban loca o irresponsable cuando ella pensaba crecer. Sin embargo, Antonella logró romper con los patrones familiares al adquirir su primera casa sin prácticamente cuota inicial, gracias a un financiamiento combinado del banco y del propietario. Con ingenio y persistencia, convirtió la propiedad en una fuente de ingresos que ahora paga su hipoteca. A través de su determinación y educación financiera, ha comenzado a construir libertad financiera para su familia.

### ¿Qué hacer con los problemas que te afectan?

Hay situaciones difíciles que no se resuelven solo con pensamiento positivo o que no dependen de nosotros, como la pérdida de un ser querido, una enfermedad, la pérdida de un empleo, crisis económicas, pandemias o el cierre de una empresa. Sin embargo, preocuparse o revivir emociones negativas solo agrava el problema.

Cuando te sientas abrumado, enfócate en lo que depende de ti y da pequeños pasos para avanzar. Piensa en lo que podrías dejar de hacer que está creando, manteniendo o agravando la situación o en lo que puedes empezar a hacer por pequeño que parezca. Por ejemplo:

• Cambiar tu actitud o dejar de pelear en tu mente.
• Leer o escuchar algo que te inspire.
• Dar el próximo paso con una disposición positiva.
• Salir a caminar para pensar con claridad.
• Reducir el drama y simplificar la situación.

Un libro clásico sobre este tema es *Cómo suprimir las preocupaciones y disfrutar de la vida* de Dale Carnegie, que ofrece consejos atemporales para enfocarte en lo que puedes controlar y superar la ansiedad.

Aquí te comparto cinco frases centrales del libro:

1. *«Nuestra fatiga a menudo no se debe al trabajo, sino a la preocupación, la frustración y el resentimiento».* Carnegie sugiere que la mayor parte de nuestro agotamiento proviene de las emociones negativas, no necesariamente del trabajo en sí.

2. *«Coopera con lo inevitable».* Acepta las circunstancias que no puedes cambiar en lugar de luchar contra ellas, ya que eso reduce la ansiedad.

3. *«No te preocupes por el mañana. Enfréntate al futuro cuando llegue».* Carnegie anima a vivir un día a la vez y sin anticipar problemas que tal vez nunca ocurran.

4. *«Recuerda que hoy es el mañana por el que te preocupabas ayer».* Esta frase destaca cómo la mayoría de las preocupaciones son innecesarias, ya que muchas veces los temores sobre el futuro no se materializan.

**5. «*Haz lo mejor que puedas hoy. Prepárate para el mañana, pero nunca te preocupes por el mañana*».** Enfatiza la importancia de la acción presente y la preparación, pero sin caer en la trampa de la preocupación excesiva por lo que aún no ha sucedido.

### ¿Qué hacer con los problemas que te afectan?

• «¿Hay algo más que pueda hacer para resolver este problema?». Si la respuesta es sí y estás dispuesto a hacerlo, hazlo. Y si no, deja de preocuparte.

• «Si no puedo hacer nada más, ¿cómo puedo aceptar esta situación y buscar lo positivo que me pueda enseñar?».

Hacerte estas dos preguntas simples puede cambiar tu percepción.

***Néstor Javier Ayala, quien vive con una parálisis cerebral | Episodio 201*** que afecta su movilidad y lenguaje, es múltiple campeón mundial de ciclismo e inversionista en bienes raíces. Compró su primera propiedad con un descuento significativo y está a punto de adquirir su segunda, demostrando una mentalidad enfocada en el potencial y no en las limitaciones. Néstor maneja sus miedos enfocándose en sus fortalezas y en lo que puede lograr, inspirando a otros con su claridad, humildad y resiliencia.

### ¡Repara por fin tus vidrios rotos!

Marie Kondo, en su libro *La magia del orden*, nos muestra cómo el desorden físico afecta no solo nuestro espacio, sino también nuestra mente y emociones.

**47**

En la vida acumulamos «vidrios rotos»: pequeños problemas no resueltos, tareas pendientes o hábitos descuidados que drenan nuestra energía y generan estrés. Kondo comparte la historia de una mujer que acumuló ropa durante años, al punto de no encontrar lo que realmente necesitaba. Su armario desordenado no solo afectaba su espacio físico, sino también su energía y autoestima. Al decidir enfrentarse a este desorden, pieza por pieza, aplicó la regla de conservar solo lo que le traía alegría. Este pequeño paso tuvo un efecto transformador en su vida: mejoró su productividad, relaciones personales y confianza.

Así como ordenar su armario transformó la vida de esta mujer, reparar tus «vidrios rotos» puede abrir espacio para el bienestar y la paz mental. Si los ignoramos, estos vidrios rotos pueden convertirse en crisis mayores. La buena noticia es que podemos transformarlos y recuperar claridad, paz y enfoque.

Algunas crisis llegan de forma inesperada, como la muerte de un ser querido o un accidente, pero otras se gestan poco a poco porque ignoramos señales tempranas. Los problemas pequeños, como no revisar cartas de impuestos o ignorar las preocupaciones de tu pareja, pueden convertirse en crisis mayores si no se abordan a tiempo. Reparar estos «vidrios rotos» evita que el daño sea permanente.

Ejemplos comunes incluyen no arreglar un auto, ignorar una gotera, no responder mensajes importantes o posponer pequeños compromisos. Según la teoría de la carga cognitiva (Sweller, 1988), acumular pendientes aumenta el estrés y reduce nuestra capacidad de concentración.

🖊 ¿Cómo están afectando tus pendientes tu energía y tu capacidad para crear lo que deseas? Identifica uno y comienza a resolverlo hoy.

Los pendientes tienden a agravarse según el concepto de los «vidrios rotos» descrito por Philip Zimbardo en *La paradoja del tiempo*. Este concepto sugiere que los pequeños signos de desorden, como una ventana rota sin reparar, pueden llevar a un deterioro mayor, fomentando comportamientos problemáticos si no se corrigen a tiempo. La idea clave es que un entorno descuidado comunica que las normas no se respetan, lo que genera más caos y degradación.

### 1. *Desorden en el hogar, lugar de trabajo, automóvil.*

Tener un entorno físico desorganizado (ropa, papeles, objetos esparcidos) afecta la productividad y el bienestar mental, dificultando la concentración y aumentando el estrés. Arregla tu clóset y escritorio y hazle el mantenimiento a tu automóvil, la gotera, la puerta, etc.

### 2. *Procrastinación constante.*

Posponer tareas importantes a menudo hace que se acumulen responsabilidades, creando un ciclo de ansiedad y estrés que es difícil de romper.

### 3. *Deudas pequeñas que no se pagan.*

No pagar pequeñas deudas o facturas a tiempo puede generar intereses y multas que complican aún más la situación financiera, llevándola a un estado incontrolable. Las deudas de familia son muy costosas emocionalmente, así que págalas o renegocia y cumple.

### 4. *Hábitos de sueño irregulares.*

Dormir pocas horas o en horarios inconsistentes afecta la salud física y mental, lo que puede reducir la energía, el enfoque y la capacidad para tomar decisiones. ¿Cómo podrías hacer que dormir bien fuera más fácil para ti?

**5. *Hábitos alimenticios poco saludables.***

Comer comida rápida o procesada con regularidad puede parecer inofensivo a corto plazo, pero contribuye a problemas de salud como obesidad, fatiga y enfermedades crónicas. ¿Cómo podrías hacer que comer bien fuera más fácil para ti?

**6. *Relaciones tóxicas no confrontadas.***

Mantener relaciones insanas (amistades o románticas) por miedo al conflicto, genera tensiones emocionales a largo plazo, afectando la autoestima y la felicidad. Suelta las malas relaciones o crea límites saludables para ti.

**7. *Posponer el ejercicio físico.***

La falta de actividad contribuye al deterioro físico y mental, lo que a largo plazo afecta la salud general y la energía diaria. Comienza de forma progresiva, con pequeños pasos, pero ¡comienza hoy! Si puedes, busca un entrenador.

**8. *Pequeñas promesas incumplidas.***

No cumplir compromisos pequeños debilita la confianza de los demás, afectando la calidad de las relaciones personales y profesionales.

**9. *Mal manejo del tiempo.***

La falta de planificación o priorización de tareas genera caos y reduce la eficiencia, lo que resulta en más estrés y menos tiempo para las actividades importantes.

**10. *Dejar comunicaciones incompletas o malos entendidos sin resolver.***

No responder mensajes o dejar conflictos sin resolver puede afectar la paz mental y las relaciones. Haz una lista de tus comunicaciones, malos entendidos, e-mails y llamadas sin atender. Asume tu responsabilidad y enfócate en resolver con visión de largo plazo para las dos partes. Discúlpate si es necesario. Hazlo por tu paz.

Así como la mujer del ejemplo transformó su vida al ordenar su armario, tú también puedes cambiar tu vida al reparar tus vidrios rotos. Comienza con algo pequeño: esa tarea que llevas meses posponiendo, esa conversación pendiente o ese hábito descuidado. Cada paso que des no solo reducirá tu estrés, sino que también abrirá espacio para nuevas oportunidades, claridad y paz.

Finalmente, respóndete la siguiente pregunta: ¿qué pendiente en tu vida está afectando tu energía y tu capacidad para crear lo que deseas? Identifica uno y toma acción hoy mismo.

### ¿Cómo detectar y evitar las crisis?

*Primero,* haz un inventario de tus áreas de vida: relaciones, finanzas, salud, carrera, espiritualidad. Luego evalúa cada área preguntándote: «¿qué pequeños problemas he estado ignorando aquí?».

*Segundo*, detecta patrones de evasión: reflexiona sobre lo que sueles evitar porque te incomoda o te parece poco importante. Por ejemplo, puedes estar ignorando el desorden en tu casa, lo que es un reflejo del estrés emocional no atendido.

*Tercero*, identifica señales tempranas. Pregúntate «¿qué mensajes estoy recibiendo (de personas, instituciones, mi cuerpo) que he estado ignorando?». Por ejemplo, si tu pareja dice «necesitamos hablar», no te lo tomes a la ligera.

*Cuarto*, actúa antes de que escale. Realiza acciones pequeñas pero consistentes para abordar los problemas en lugar de evitarlos. Un caso sencillo es responder un correo importante para evitar una crisis mayor más adelante.

### Cómo manejar las crisis: claves para salir más fuerte

Paul Remy, autor del libro *Manejo de crisis: ¿qué hacer el día en que todo está en contra nuestra?* define las crisis personales como momentos de cambio inesperado y desafiante que afectan profundamente nuestras emociones, pensamientos y decisiones. Las crisis personales suelen tener las siguientes características:

### • Incertidumbre.

Nos enfrentamos a eventos que no sabemos cómo manejar. Ejemplo: pérdida de un ser querido, económica o de un empleo, una ruptura amorosa o un diagnóstico de salud preocupante.

**• *Alta intensidad emocional.***
Hay una sobrecarga de emociones, como miedo, tristeza o frustración.

### 12 pasos para transformar tu crisis en movimiento
Manejar una crisis personal implica encontrar un equilibrio entre tus emociones, pensamientos y acciones. Aquí tienes un enfoque claro y efectivo para navegar estas situaciones desafiantes:

### 1. Reconoce y acepta la crisis.
Identifica la naturaleza del problema y reflexiona sobre lo que estás enfrentando (pérdida, cambio inesperado, fracaso). Por ejemplo, «estoy atravesando una crisis de identidad tras perder mi trabajo». Luego acepta tus emociones y reconoce lo que sientes sin juzgarte. Puedes experimentar tristeza, miedo, rabia o confusión, y eso es normal (pero no significa que debas agredir a los demás). Si estás en esta etapa, dedícate 10 minutos al día a escribir en tu bitácora sobre tus pensamientos y emociones. Esto te ayuda a liberar la mente y entender mejor la situación.

### 2. Rodéate de apoyo.
Habla con alguien de confianza. Tus amigos, familia o un terapeuta pueden ofrecer perspectiva y apoyo emocional. Así mismo, evita el aislamiento. Aunque puede ser tentador alejarte, busca conexiones que te fortalezcan. Te propongo que llames a un amigo y le compartas lo que te está pasando. Dile «estoy enfrentando un desafío importante y solo necesito que me escuches un rato».

### 3. Enfócate en lo que puedes controlar.

Haz una lista de lo que tienes en las manos y pregúntate «¿qué puedo hacer para avanzar en este momento?». Si tu crisis es financiera, por ejemplo, enfócate en reducir gastos y buscar nuevas fuentes de ingreso. Siguiendo esta línea, deja ir lo que no puedes controlar y dedica tiempo a aceptar que algunos aspectos están fuera de tus manos.

Para este punto, te sugeriré un ejercicio. Divide una hoja en dos columnas: en una escribe lo que puedes controlar y en la otra lo que no puedes cambiar. Enfócate solo en la primera columna.

### 4. Diseña un plan de acción.

Divide la solución en pasos pequeños y concretos. Primero, prioriza lo urgente: ¿qué puedes resolver hoy? Si perdiste tu empleo, actualiza tu currículum y explora plataformas de búsqueda de trabajo, por ejemplo. Luego establece metas a corto plazo y define objetivos alcanzables que te den una sensación de avance. Siguiendo lo del trabajo, una meta a corto plazo puede ser tener 3 entrevistas semanales, hacer un curso semanal que te permita ser mejor candidato o aplicar a 1 empresa diaria, etc.

### 5. Cuida tu salud física y emocional.

Practica a diario el autocuidado: duerme lo suficiente, come bien y realiza actividad física aunque sea ligera. Una buena opción es caminar 20 minutos al día para despejar la mente. Además de eso, incorpora hábitos positivos: el deporte, la meditación, la lectura o el arte pueden ayudarte a reducir el estrés.

### 6. Encuentra el aprendizaje.

Reflexiona sobre la lección y pregúntate: «¿qué puedo aprender de esta situación?». Por ejemplo, una ruptura amorosa puede enseñarte a establecer límites más claros en el futuro.

Y también es importante que replantees las crisis y las veas como una oportunidad. Aunque dolorosas, las crisis pueden ser el catalizador para crecer y encontrar nuevas perspectivas.

### 7. Sé paciente contigo mismo.

No te apresures, pues resolver una crisis toma tiempo. No te castigues si no ves resultados inmediatos. Cuando los tengas, celebra los pequeños logros, ya que cada avance, por pequeño que sea, es un paso hacia la recuperación.

### 8. Cuida tus relaciones.

No cobres cuentas emocionales. En medio de una crisis, es fácil proyectar frustraciones en quienes te rodean. Evita discusiones innecesarias o intentos de «ajustar cuentas», ya que esto solo complicará la situación. Por encima de todo, mantén la calma y comunica tus necesidades con tranquilidad y empatía. Por ejemplo, si necesitas espacio, en lugar de decir «déjame en paz», intenta con «en este momento necesito un tiempo para reflexionar».

### 9. Valora lo que tienes.

Enfócate en lo positivo. Durante una crisis, es fácil perder perspectiva, así que haz una lista de las cosas valiosas que hay en tu vida: relaciones, habilidades, recursos, experiencias positivas: «aunque perdí este trabajo, aún tengo el apoyo de mi familia y mis habilidades profesionales». Por otra parte, sigue reflexionando sobre las demás áreas de tu vida y no permitas que una crisis opaque todo lo demás.

### 10. Cuida tus recursos.

Evita las decisiones impulsivas: En las crisis, podemos gastar dinero, tiempo o energía de forma poco estratégica, así que reflexiona antes de usar recursos clave. En lugar de gastar en algo para calmarte momentáneamente, invierte en un curso o una herramienta que te ayude a resolver la crisis.

Además, gestiona tus emociones y si sientes que no puedes manejarlo solo, busca ayuda profesional o de confianza. Como ejercicio, te recomiendo que establezcas un «kit de recursos emocionales» con actividades o personas que te ayuden a mantenerte equilibrado (caminar, hablar con un amigo, meditar).

### 11. Recuerda que toda crisis es transitoria.

Mira hacia atrás, reflexiona sobre momentos difíciles que has superado antes y recuerda que esta situación también pasará: «cuando enfrenté mi pérdida anterior, logré salir adelante al apoyarme en mi red de amigos». Además, encuentra la oportunidad de fortalecerte y pregúntate «¿cómo puedo salir de esta crisis más fuerte y más sabio?». Dedica un momento a escribir cómo afrontaste y superaste una crisis pasada. Identifica los recursos internos y externos que te ayudaron entonces y cómo puedes aplicarlos ahora.

### 12. Mantén una rutina estructurada.

La estabilidad es muy importante, pero durante una crisis es común que nuestra rutina diaria se desmorone. Sin embargo, mantener una estructura básica puede proporcionar un sentido de control y normalidad. Para esto, puedes establecer horarios fijos para dormir, comer y trabajar incluso si estás enfrentándote a la incertidumbre. De la misma manera, incorpora actividades regenerativas: asegúrate de incluir momentos para cuidar de tu bienestar físico, emocional y mental. Como consejo, crea un horario diario con al menos 3 actividades esenciales: trabajo o resolución de la crisis, descanso o relajación y algo que te motive o te haga sentir bien, como ejercicio, lectura o arte. Pregúntate «¿qué hábito puedo agregar a mi día para sentirme más estable y enfocado?».

*Él es Deyner, quien desde muy joven enfrentó grandes desafíos económicos y sociales | Episodio 418*, viviendo en una casa con piso de tierra que se inundaba cada vez que llovía. En lugar de resignarse, decidió cambiar su destino y abrirse a nuevas oportunidades. Su transformación hacia la paz y libertad financiera es un ejemplo poderoso de resiliencia y acción.

CANAL YouTube
CARLOS DEVIS

# SI TIENES CLARO EL PORQUÉ, EL CÓMO Y EL QUÉ ENCONTRARÁN SU CAMINO.

*SIMON SINEK*

# Diseña tu camino hacia el éxito

***EL PODER DE UN «PORQUÉ» SÓLIDO PARA TRANSFORMAR LOS PROBLEMAS.*** Un malentendido sin resolver puede convertirse en una gran fractura, al igual que gastar más de lo que se gana puede generar graves apuros financieros. Resolver problemas no se trata solo de hacerlo rápido, sino de hacerlo bien.

La diferencia está en distanciarse emocionalmente para pensar en las mejores alternativas a largo plazo. Por ejemplo, responder con impulsividad para evitar un conflicto no es lo mismo que tomarte el tiempo para crear una conversación difícil que cuide y fortalezca tu relación.

Como dice Simon Sinek en *Empieza con el porqué*, tener razones claras y un propósito definido al tomar decisiones conduce a resultados más sostenibles y efectivos.

### El poder de los «porqués» profundos

Las metas a largo plazo, como pagar deudas, cuidar la salud o construir relaciones, necesitan razones claras para mantenerse firmes. Reflexiona sobre una de tus metas importantes y pregúntate cinco veces por qué es importante. Esto profundizará tu compromiso.

Ahora, las decisiones impulsivas, como reaccionar sin pensar o rendirse ante la presión, solo posponen los problemas. En cambio, las soluciones alineadas con tus valores y metas a largo plazo son estratégicas y efectivas. Algunas decisiones con propósito que puedes tomar son:

• Organizar tus finanzas para salir de deudas y no solo pagar una tarjeta por necesidad inmediata.

• Elegir un curso que te ofrezca aprendizaje útil, no el más fácil.

• Enfrentar un conflicto de manera honesta para fortalecer tu relación en lugar de evitarlo para mantener una paz momentánea.

Un «porqué» poderoso debe ser inspirador, claro, estar alineado con tus valores, orientado al futuro y ser resiliente y personal. Por ejemplo, «pago mis deudas porque quiero tranquilidad financiera, más ahorro y sentirme en control de mi dinero».

Cada decisión impacta tu futuro: elegir por comodidad a corto plazo te aleja de tus metas, mientras que actuar alineado con tu visión personal te acerca a quien deseas ser.

🖊 ¿Qué decisiones cotidianas puedes alinear con tu visión personal? Identifica tres y define cómo las abordarás de manera diferente desde mañana.

🖊 ¿Qué decisiones cotidianas están por fuera de tu visión personal? Identifica tres y comienza a eliminarlas para enfocarte en las que sí te acercan a tu visión.

**_Gonzalo enfrentó dificultades desde su infancia | Episodio 391_**, lo que lo marcó con un temor hacia las deudas. A pesar de tener un empleo estable, no podía acceder a las propiedades que deseaba. Decidió su enfoque hacia las inversiones inmobiliarias. Convirtió un apartamento problemático en su mejor activo al utilizar estrategias de renta a corto plazo. Durante la pandemia, aprovechó oportunidades únicas del mercado para adquirir más propiedades. Hoy tiene cuatro apartamentos, ingresos pasivos y ha diversificado sus talentos, incluyendo la posibilidad de dolarizar sus ingresos y trabajar en Estados Unidos.

**60**

**Hábitos que transforman la forma de resolver problemas**
La manera en que enfrentamos los problemas define nuestro crecimiento. Algunos reaccionan con enojo o evitan las dificultades, mientras que otros buscan soluciones estratégicas.

Desarrollar hábitos efectivos nos ayuda a gestionar mejor los desafíos y fortalecer nuestra resiliencia. Aquí tienes hábitos clave para abordar problemas de forma más inteligente y constructiva:

**1. Hábito de la reflexión proactiva.**
Antes de reaccionar a un problema, tómate un momento para reflexionar. Pregúntate cómo puedes convertir ese problema en una oportunidad de acercarte a tus metas y ser la persona que quieres ser ¿Qué te enseña ese problema para estar en paz? ¿Qué tienes que cambiar o soltar? Hacerte esas preguntas crea el hábito de pensar antes de actuar y, además, refuerza una identidad de persona consciente y estratégica, capaz de responder de manera adecuada a los desafíos en lugar de simplemente reaccionar por impulso.

Por ejemplo, ante un conflicto en el trabajo, en lugar de discutir inmediatamente, reflexiona sobre las posibles soluciones que aporten más valor.

Ahora, para autodiagnosticarte, del 1 al 10, ¿con cuánto te calificaría tu círculo más cercano en este aspecto?

**2. Hábito de desglosar los problemas.**
Divide los grandes problemas en pequeñas tareas o temas manejables. Adoptar el hábito de descomponer los problemas crea un sentido del control y la dirección y refuerza

la imagen de una persona organizada y resolutiva que no se deja abrumar fácilmente por la magnitud de los problemas.

Por ejemplo, si tienes que resolver una crisis financiera, primero analiza los diferentes aspectos que la componen (ingresos, gastos y deudas) y luego aborda cada uno por separado.

Para autodiagnosticarte, del 1 al 10, ¿con cuánto te calificaría tu círculo en este aspecto?

**3. Hábito de la constancia en la búsqueda de soluciones.** Establece la rutina de no abandonar los problemas hasta encontrar una solución viable. La constancia en la resolución de problemas refuerza el carácter y cultiva una identidad de persona perseverante y confiable, capaz de superar obstáculos sin rendirse.

Por ejemplo, si te enfrentas a una tarea difícil en un proyecto, sigue intentando diferentes enfoques hasta encontrar una solución en lugar de renunciar.

Para autodiagnosticarte, del 1 al 10, ¿con cuánto te calificaría tu círculo en este aspecto?

**4. Hábito de la gratitud y del aprendizaje con cada problema.** *Después de resolver un problema, practica la gratitud y analiza lo que has aprendido de la experiencia. Esto te permite ver los problemas como oportunidades de crecimiento. Además, fomenta una mentalidad de avance, transformando la identidad de alguien que se ve a sí mismo como capaz de aprender y mejorar constantemente.*

Por ejemplo, si has tenido un desacuerdo con un compañero de trabajo, reflexiona sobre lo que la experiencia te enseñó sobre comunicación y colabora mejor en el futuro.

Para autodiagnosticarte, del 1 al 10, ¿con cuánto te calificaría tu círculo en este aspecto?

### 5. Hábito de anticipar y planificar.

Dedica tiempo cada día a anticipar posibles problemas y a planificar soluciones proactivas. Esto genera una mayor capacidad de previsión y refuerza la identidad de una persona previsora y preparada que no se sorprende por los obstáculos, sino que los aborda con confianza.

Por ejemplo, antes de comenzar un proyecto, identifica posibles desafíos y crea estrategias para enfrentarlos antes de que surjan.

Para autodiagnosticarte, del 1 al 10, ¿con cuánto te calificaría tu círculo en este aspecto?

### 6. Hábito de la aceptación activa.

Acepta que los problemas son inevitables, pero en lugar de verlos como obstáculos, míralos como desafíos que impulsan el crecimiento. Esta aceptación activa te permite enfocarte en las soluciones en lugar de quejarte y fomenta una identidad resiliente y adaptable que abraza los desafíos como oportunidades para fortalecer habilidades y carácter.

Por ejemplo, en lugar de frustrarte por un cambio inesperado en un proyecto, acepta la situación y busca cómo puedes adaptarte y superar el reto.

Para autodiagnosticarte, del 1 al 10, ¿con cuánto te calificaría tu círculo en este aspecto?

# ME ESTOY QUEJANDO Y CULPANDO A OTROS,

*MIENTRAS SIGO EN EL MISMO LUGAR*

*ESTOY HACIENDO*
*LO QUE DEPENDE*
*DE MÍ CON LA MEJOR*
*ACTITUD* **Y ESO ESTÁ**
**TRANSFORMANDO**
**MI REALIDAD**

**7. Hábito de pedir ayuda y colaborar.**

Desarrolla la práctica de pedir ayuda cuando enfrentes problemas que no puedes resolver solo. Fomentar la colaboración te permite encontrar soluciones más efectivas y refuerza la identidad de una persona humilde y cooperativa que entiende el valor del trabajo en equipo y las perspectivas diversas.

Por ejemplo, si enfrentas un problema técnico que está fuera de tu área de expertia, pídele ayuda a un compañero o mentor en lugar de perder tiempo intentándolo solo. Para autodiagnosticarte, del 1 al 10, ¿con cuánto te calificaría tu círculo en este aspecto?

**8. Hábito de la gestión emocional.**

Aprende a identificar y gestionar tus emociones cuando enfrentas problemas. Este hábito te permite mantener la calma y claridad mental en situaciones estresantes. Además, te convierte en una persona emocionalmente inteligente, capaz de manejar situaciones difíciles sin ser dominado por el estrés o la ansiedad.

Por ejemplo, si te enfrentas a una crisis en tu vida personal, tómate unos minutos para respirar profundamente o meditar antes de abordar el problema de manera racional.

Para autodiagnosticarte, del 1 al 10, ¿con cuánto te calificaría tu círculo en este aspecto?

**9. Hábito de la curiosidad.**

Adopta la curiosidad como una herramienta para abordar problemas. Cuestiona las causas subyacentes y busca entender los problemas a fondo antes de actuar. Este hábito fomenta una identidad de aprendizaje continuo, donde te ves a ti mismo como alguien capaz de resolver problemas mediante la investigación y el descubrimiento de soluciones creativas. Por ejemplo, si una estrategia de ventas no está funcionando, en lugar de hacer cambios impulsivos, analiza los datos, hazles preguntas a tus clientes y trata de entender las razones detrás del problema.

Para autodiagnosticarte, del 1 al 10, ¿con cuánto te calificaría tu círculo en este aspecto?

**10. Hábito de la gratificación diferida.**

Practica la capacidad de retrasar recompensas inmediatas para obtener mejores resultados a largo plazo. Esto te ayuda a evitar soluciones rápidas que no abordan la raíz del problema y fortalece una identidad de disciplina y autocontrol, clave para la toma de decisiones efectivas a largo plazo.

Por ejemplo, en lugar de implementar una solución rápida a un problema financiero (como pedir un préstamo), trabaja en la raíz aunque lleve más tiempo y esfuerzo.

Para autodiagnosticarte, del 1 al 10, ¿con cuánto te calificaría tu círculo en este aspecto?

**11. Hábito de evaluación continua.**

Establece el hábito de revisar tus soluciones una vez que las has implementado. ¿Funcionaron como lo esperabas? ¿Qué se podría haber hecho mejor? Esto crea un ciclo de mejora constante y refuerza una identidad de persona perfeccionista y analítica que siempre busca mejorar y aprender de cada situación.

Por ejemplo, después de implementar una nueva estrategia en tu negocio, evalúa los resultados y busca formas de optimizar el proceso para el futuro.

Para autodiagnosticarte, del 1 al 10, ¿con cuánto te calificaría tu círculo en este aspecto?

✎ ¿Qué reflexión te deja esta información acerca de cómo creas, mantienes o solucionas problemas?

Estos hábitos adicionales aportan nuevas dimensiones a la forma en que enfrentamos los problemas, ayudándonos a moldear una identidad más resiliente, proactiva y reflexiva.

**10 Hábitos de millonario que cambiaron mi vida.**
Otros hábitos que transformaron mi mentalidad y  acciones diarias, permitiéndome construir relaciones más sólidas, superar limitaciones y alcanzar metas financieras y personales. Al incorporar estos principios, logré una vida con mayor equilibrio, paz y una abundancia que trasciende lo material.

### Los hábitos como reflejo de una identidad fuerte

Cada acción que repites es un voto por el tipo de persona en la que te estás convirtiendo. Cada día que haces ejercicio refuerzas tu identidad como persona saludable. Cada vez que pospones tareas, fortaleces el hábito de procrastinar. Estos hábitos, aunque parezcan pequeños e insignificantes, definen tu identidad con el tiempo.

🖊 ¿Qué hábitos o rutinas repites cada día desde que te levantas hasta que te acuestas? Identifica los hábitos o rutinas que te ayudan a construir la persona que quieres ser y los que te alejan.

¿Qué nuevo hábito podrías introducir o modificar para acercarte más a tu yo ideal? Establece un plan concreto para implementar este cambio mañana mismo.

### Claves para diseñar una vida plena y significativa

La transformación personal ocurre al abordar la vida de forma integral. Estas ocho dimensiones son pilares fundamentales basados en investigaciones y experiencia práctica.

### 1. Crecimiento personal.

Carol Dweck, en *Mindset*, muestra cómo una mentalidad de crecimiento no solo potencia el logro, sino también la resiliencia y felicidad. Transformarte es clave para lograr tus sueños, así que aprende una nueva habilidad o hábito para avanzar de forma tangible y fortalecer tu felicidad.

### 2. Conexiones significativas.

Un estudio de Harvard sobre la felicidad concluyó que la calidad de las relaciones es el mejor predictor de bienestar y longevidad. Por eso, dedícale tiempo de calidad a amigos o familiares para fortalecer lazos y reducir la soledad.

### 3. Impacto y legado.

Viktor Frankl, en *El hombre en busca de sentido*, destaca cómo un propósito mayor da significado y reduce el riesgo de muerte prematura. Dicho esto, involúcrate en proyectos comunitarios o filantrópicos para contribuir a algo más grande que tú.

### 4. Salud y vitalidad.

James Clear, en *Hábitos atómicos*, demuestra que cuidar la salud física impacta positivamente todas las áreas de la vida. Entonces, incorpora ejercicio regular para manejar el estrés y mejorar tu calidad de vida.

### 5. Aventura y descubrimiento.

Mihály Csíkszentmihályi, en su *teoría del flow*, subraya cómo las experiencias nuevas mantienen el cerebro joven y adaptable. Te recomiendo explorar actividades que estén por fuera de tu rutina, como viajes o nuevos pasatiempos, para ampliar horizontes y revitalizarte.

### 6. Creatividad y expresión.

Brené Brown, en *Atrévete a liderar*, explica cómo expresar nuestra autenticidad mejora el bienestar emocional, así que dedícale tiempo a actividades creativas como pintar, escribir o practicar música para liberar emociones.

### 7. Propósito y espiritualidad.

Jonathan Haidt, en *La hipótesis de la felicidad*, muestra que conectar con algo más grande aumenta la satisfacción vital, entonces reflexiona sobre tus valores o practica la meditación para alinear tus acciones con un propósito más profundo.

### 8. Abundancia y recursos.

Tony Robbins, en *Dinero: domina el juego*, enfatiza que gestionar los recursos sabiamente amplifica nuestro impacto y bienestar. Para eso, diseña un plan financiero equilibrado y enfócate en generar ingresos pasivos para construir una base sólida.

Todas estas dimensiones trabajan juntas: la salud potencia las aventuras, las conexiones fortalecen el propósito y el manejo de recursos amplifica tu impacto. Aplica este enfoque integral para sostener la felicidad y el crecimiento a largo plazo.

### Tu balance personal: las ocho dimensiones de una vida plena y significativa

Este ejercicio está diseñado para ayudarte a reflexionar sobre tu equilibrio personal en las 8 dimensiones clave de una vida plena. A través de una autoevaluación práctica, podrás identificar áreas para crecer, reflexionar sobre tus hábitos y diseñar un plan para mejorar tu bienestar integral.

Descubre más recursos valiosos
misrecursos.org

Instrucciones para llenar el cuadro a continuación:

**1.** Lee las declaraciones en cada dimensión: estas representan hábitos, prácticas o perspectivas que contribuyen al equilibrio en esa área.

**2.** Califica cada afirmación del 1 al 5:

1: Casi nunca

2: Rara vez

3: A veces

4: Frecuentemente

5: Casi siempre

**3.** Reflexiona sobre tus respuestas: usa la columna de reflexión para escribir lo que notas sobre tus hábitos, pensamientos o comportamientos.

**4.** Define áreas de mejora: en la última columna, escribe acciones específicas que puedes implementar para mejorar tu balance en esa dimensión.

**5.** Suma los puntos de cada sección: Identifica el estado actual de cada dimensión según tu puntaje:

20-25 puntos: Área de fortaleza

15-19 puntos: Área en desarrollo

10-14 puntos: Área que necesita atención

5-9 puntos: Área crítica para trabajar

Repite el ejercicio periódicamente: Vuelve a evaluarte después de 1 o 2 meses para medir tu progreso.

CRECIMIENTO
## PERSONAL
- ☐ Dedico tiempo diario para aprender algo nuevo.
- + ☐ Busco feedback para mejorar.
- + ☐ Reflexiono y aprendo de mis experiencias.
- + ☐ Invierto en desarrollo personal (cursos, libros, etc.).
- + ☐ Trabajo mis emociones negativas (terapia/coaching).

*= Suma Total.*

IMPACTO Y
## LEGADO
- ☐ Ayudo sin esperar nada a cambio.
- + ☐ Comparto conocimientos y experiencias.
- + ☐ Participo en actividades comunitarias.
- + ☐ Actúo pensando a largo plazo.
- + ☐ Inspiro con mi ejemplo.

*= Suma Total.*

AVENTURA Y
## DESCUBRIMIENTO
- ☐ Pruebo nuevas experiencias.
- + ☐ Salgo de mi rutina.
- + ☐ Exploro nuevos lugares.
- + ☐ Me expongo a diferentes culturas.
- + ☐ Acepto retos que me desafían.

*= Suma Total.*

PROPÓSITO Y
## ESPIRITUALIDAD
- ☐ Reflexiono o medito regularmente.
- + ☐ Alineo mis acciones con mis valores.
- + ☐ Tengo clara mi misión personal.
- + ☐ Busco significado en mis experiencias.
- + ☐ Cultivo mi espiritualidad.

*= Suma Total.*

CONEXIONES
## SIGNIFICATIVAS
- ☐ Tengo conversaciones profundas con mis cercanos.
- + ☐ Demuestro aprecio genuinamente.
- + ☐ Cultivo nuevas amistades activamente.
- + ☐ Soy vulnerable y auténtico en relaciones.
- + ☐ Creo y mantengo relaciones sanas.

*= Suma Total.*

SALUD Y
## VITALIDAD
- ☐ Hago ejercicio regularmente.
- + ☐ Mantengo una alimentación nutritiva.
- + ☐ Duermo suficiente y bien.
- + ☐ Manejo eficazmente el estrés.
- + ☐ Hago chequeos médicos periódicos.

*= Suma Total.*

CREATIVIDAD Y
## EXPRESIÓN
- ☐ Dedico tiempo a actividades creativas.
- + ☐ Expreso ideas y sentimientos libremente.
- + ☐ Resuelvo problemas de forma innovadora.
- + ☐ Creo cosas nuevas (arte, proyectos, ideas).
- + ☐ Sigo mi curiosidad.

*= Suma Total.*

ABUNDANCIA Y
## RECURSOS
- ☐ Manejo bien mis finanzas.
- + ☐ Invierto en mi futuro financiero.
- + ☐ Uso mi tiempo eficazmente.
- + ☐ Cultivo relaciones profesionales valiosas.
- + ☐ Genero valor que otros aprecian.

*= Suma Total.*

**73**

Las calificaciones son solo puntos de referencia para reflexionar, no instrucciones definitivas. Cada aspecto y momento tienen un contexto único que puede influir en los resultados.

Elige una dimensión, reflexiona sobre sus puntos clave y comienza a tomar pequeñas acciones para mejorar. ¡Empieza hoy mismo y revisa tu progreso en los próximos meses!

Puedes marcar tus puntajes totales de cada área, en el cuadro siguiente y observar de otra manera las áreas en las que no les estás dando atención y decidir próximos pasos.

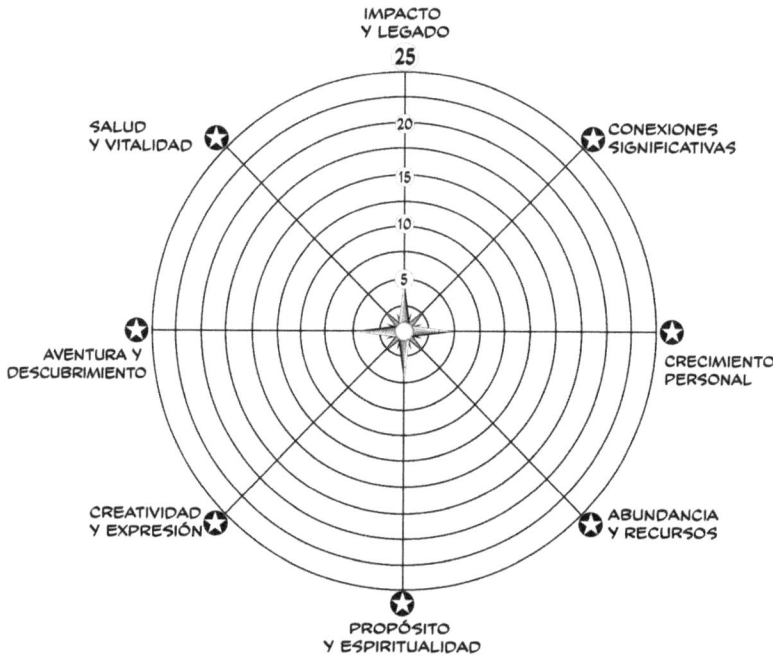

# TU BRÚJULA PERSONAL
## 8 DIMENSIONES DE UNA VIDA EXTRAORDINARIA

✎ ¿Qué áreas te sorprenden por su puntuación?

✎ ¿Dónde ves los mayores desequilibrios?

✎ ¿Qué decisiones cotidianas puedes alinear con tu visión personal? Identifica tres y define cómo las abordarás de una manera diferente desde mañana.

✎ ¿Qué decisiones cotidianas están por fuera de tu visión personal? Identifica tres y comienza a eliminarlas para enfocarte en las que sí te acercan a tu visión.

### Identifica patrones:
### Cuál es el impacto de tus áreas con baja puntuación

Si tu puntuación es baja en crecimiento personal (5-14 puntos), podrías estar experimentando estancamiento profesional, sensación de rutina o falta de dirección. Esto suele reflejarse en resistencia al cambio y conformismo.

Si tus conexiones significativas muestran baja puntuación, probablemente notes soledad, dificultad para mantener relaciones profundas o conflictos frecuentes. Esto puede manifestarse en desconfianza y patrones de relaciones superficiales.

Una baja puntuación en impacto y legado podría indicar que te sientes desconectado de un propósito mayor, experimentando una sensación de vida sin significado profundo.

Si salud y vitalidad está en números bajos, quizás estés experimentando fatiga crónica, problemas de sueño o falta de energía que afectan todas tus otras áreas.

Los bajos puntajes en aventura y descubrimiento suelen manifestarse como aburrimiento, rutina sofocante y sensación de vida monótona.

Si la puntuación de creatividad y expresión está baja, podrías estar experimentando bloqueos emocionales, dificultad para expresarte o sensación de vida «en piloto automático».

Una baja puntuación en propósito y espiritualidad se refleja con frecuencia en sensación de vacío, falta de dirección o decisiones que no resuenan con tus valores profundos.

Finalmente, si abundancia y recursos muestra números bajos, tal vez estés experimentando estrés financiero, sensación de escasez o dificultad para generar oportunidades.

🖉 ¿Cómo las áreas donde obtuviste baja puntuación están creando un efecto dominó en otras dimensiones de tu vida? Por ejemplo, si tienes baja puntuación en salud y vitalidad, ¿cómo está eso afectando tu creatividad y tus conexiones significativas?

### ¿Quién quieres ser y qué hábitos necesitas?

James Clear sugiere que en lugar de preguntarte qué metas quieres lograr, te preguntes primero quién quieres ser. ¿Quieres ser una persona organizada, saludable, productiva, creativa? Una vez que defines quién quieres ser, los hábitos adecuados te guiarán hacia esa identidad. Son los pequeños cambios diarios alineados con esa visión de tu mejor versión los que crean resultados enormes con el tiempo.

### La opinión de los demás como espejo

Una forma poderosa de obtener una perspectiva clara sobre en quién te estás convirtiendo es preguntárselo a tus seres cercanos. Pregúntales en qué tipo de persona creen que te estás convirtiendo a partir de los hábitos que ven en ti. A veces no somos conscientes del impacto que nuestras acciones diarias tienen en nuestra identidad.

✎ Cuando ya no estés, ¿cómo te gustaría que te recuerden? ¿Qué valores, actitudes y emociones marcan tus relaciones? ¿Qué te gustaría reforzar y qué te gustaría cambiar?

✎ Si les preguntas a tus seres cercanos en qué tipo de persona creen que te estás convirtiendo con tus hábitos y actitudes diarias, ¿estarías feliz con la respuesta? ¿Te atreverías a hacerle esta pregunta a tres personas cercanas esta semana? Basándote en sus respuestas, ¿qué acción concreta realizarías para alinear mejor tu comportamiento con la persona que quieres ser?

# *TODOS TENEMOS 24 HORAS AL DÍA.*

## *LA DIFERENCIA ENTRE EL ÉXITO Y EL FRACASO ESTÁ EN CÓMO DECIDES INVERTIR CADA MINUTO.*

# PARTE DOS

C A P Í T U L O    3

# *Utiliza tus recursos invaluables*

**DESCUBRE Y ADMINISTRA TUS RECURSOS**
¡Con estos recursos has logrado lo mejor de tu vida y podrás lograr lo que quieras!
1. La fuerza de tu determinación.
2. El tiempo, el recurso más valioso que tienes.
3. Tu capacidad de aprender.
4. Tu capacidad de crear contactos y relaciones.
5. Tu pasado y tus circunstancias.
6. Tu posibilidad de cambiar tu actitud.
7. El poder de cambiar tus pensamientos y emociones.

***Enseñando a malabarista a ganar su primer millón.*** Ahora, quiero que conozcas esta historia: una mujer con todas las capacidades para crecer, brillar y alcanzar sus sueños, se ganaba la vida haciendo malabares en los semáforos, a pesar de tener estudios universitarios y grandes talentos, pero que, como muchos de nosotros, se enfrenta al mayor desafío: comprometerse consigo misma. Sus propias excusas y limitaciones la mantienen en una zona de confort que, aunque segura, no le permite despegar, así que decidí enseñarle cómo ganar su primer millón.

Esta historia te hará reflexionar, empatizar y, quizás, dar ese salto que tanto anhelas. ¿Estás listo para inspirarte?

### Piensa en tus propios logros

Recuerda algunos de los momentos más importantes de tu vida. Tal vez fue sacar adelante a tu familia en tiempos difíciles, superar un problema de salud que parecía imposible o conseguir ese empleo que soñabas. Todos esos logros los conseguiste con los recursos que ya tenías.

Aquí te explico los 8 recursos con los que cuentas para transformar tu vida y lograr la paz y la libertad financiera.

### Tu primer recurso invaluable: el cuerpo «Quien tiene salud, tiene mil sueños; quien no la tiene, solo tiene uno».

Para hablar coloquialmente del tema de salud y la longevidad, hay una noticia buena y una mala. Con los avances de la ciencia y la inteligencia artificial, en las próximas décadas aumentará sustancialmente la expectativa de vida.

El Doctor George Church, PhD de Harvard Medical School, dice que con las actuales tecnologías para editar y reescribir el ADN que se están aplicando para revertir el envejecimiento, una persona podría vivir sana hasta los 200 años o más; y en un par de décadas, muchas personas podrán superar los 120 años, según estudios de la Universidad de Chicago mencionados por Peter H. Diamandis en su libro *Longevity Guidebook - Cómo demorar y revertir el envejecimiento y no morir de algo estúpido.* La mala noticia es que, si no invertimos tiempo y esfuerzo en cuidar nuestro cuerpo, esa longevidad puede ser un infierno.

En los últimos años he enfocado mi trabajo en ayudar a las personas a lograr la paz y la libertad financiera, no solo por mejorar la calidad de vida presente, sino por cuidar de su futuro financiero en la vejez y poder mantener la autonomía y no ser una carga para nadie. Esto es aún más importante en la salud: si no tenemos dinero, pero sí estamos sanos, podremos ser más independientes.

Pero me dirás:

–Carlos, como voy a saber si voy a ser una persona sana o enferma–?

Hoy la respuesta a esa pregunta es que puedes hacer mucho para tener una buena salud en tu vejez. Como en todo habrá variables que no podamos controlar, pero cada día hay más información y tecnología que nos permite minimizar estas variables.

La esperanza de vida al nacer, durante el Imperio Romano, se estimaba entre 22 y 35 años. En el año 1900, en países como Inglaterra, la esperanza de vida era de 45 a 62 años. Para el año 2000, la esperanza de vida en países desarrollados había aumentado significativamente. En Inglaterra, por ejemplo, alcanzó los 77 años. Peter H. Diamandis, MD, nos dice en su libro que hoy el 70 % de los ataques cardíacos no presentan ningún síntoma previo al evento. El 70 % de los cánceres que son fatales hubieran podido ser detectados con un examen rutinario años antes y solo son descubiertos cuando ya están en nivel 3 o 4.

Los enfermos de Parkinson desarrollan síntomas notables hasta que el 70 % de las neuronas de la sustancia negra han desaparecido. Esta sustancia provee dopamina y el control de los movimientos voluntarios.

Los cambios del cerebro que manifiesta el Alzheimer comienzan a desarrollarse años antes.

Habla de que el reemplazo al daño mortal del cigarrillo ahora es el estar sentado, la vida sedentaria, aumento de peso con todas sus consecuencias, problemas del corazón por falta de ejercicio vigoroso, problemas en el sueño por la falta de activador físico y disminución de la flexibilidad que nos hace más vulnerables a las caídas.

Un estudio de The lancet en 2018 con más de un millón de participantes demostró que quien hace ejercicio por 150 minutos a la semana, 20 al día, tiene 28 % menos posibilidad de morir por cualquier causa, y quien hace 750 minutos a la semana 1.45 horas diario, tiene 42 % menos de posibilidades de morir por cualquier causa.

¡¿De dónde voy a sacar el tiempo para eso?!, pensarán algunas personas; ¿Cuánto tiempo al día pasas en redes sociales? En lugar de eso, podrías preguntarte si puedes aprovechar ese tiempo caminando o montando en bicicleta mientras hablas por teléfono. Esto por sí solo no es suficiente, pero tomar la decisión y dar pequeños pasos es un buen comienzo. Si caminas 4.000 pasos al día, puedes marcar la diferencia entre la vida y la muerte y evitar muchas enfermedades, entre ellas, el Alzheimer.

Te recomiendo este libro que en solo 207 páginas nos ofrece argumentos, técnicas y herramientas para hacer un plan de prevención con bases científicas.

### No dejes envejecer tu cerebro

En el libro *Keep Sharp*, del Dr. Sanjay Gupta, se desmitifican ideas erróneas sobre el cerebro y se comparten estrategias prácticas para mantener una mente aguda y saludable a lo largo de la vida. A continuación, se presenta un resumen de los 12 mitos destructivos sobre el cerebro y los 5 pilares fundamentales que pueden transformarlo.

### Los 12 mitos destructivos sobre el cerebro

**1. El cerebro sigue siendo un completo misterio:** aunque complejo, la neurociencia ha avanzado significativamente en su comprensión, revelando cómo funcionan sus áreas y conexiones.

**2. Las personas mayores están condenadas a olvidar cosas:** el deterioro cognitivo no es inevitable. Mantener una mente activa y hábitos saludables puede prevenir pérdidas significativas de memoria.

**3. Solo usamos el 10% de nuestro cerebro:** en realidad, utilizamos todas las partes del cerebro, incluso en reposo.

**4. Los juegos de palabras y rompecabezas son la mejor forma de mantener el cerebro en forma:** si bien son beneficiosos, es crucial realizar una variedad de actividades que desafíen al cerebro de distintas maneras.

**5. No se pueden crear nuevas células cerebrales:** la neurogénesis, o formación de nuevas neuronas, ocurre durante toda la vida, especialmente con buenos hábitos.

**6. La memoria se deteriora inevitablemente con la edad:** aunque puede haber cierta disminución, el aprendizaje continuo y la socialización ayudan a mantener una memoria sólida.

**7. *El daño cerebral es siempre permanente:*** gracias a la neuroplasticidad, el cerebro puede reorganizarse y formar nuevas conexiones, permitiendo recuperaciones significativas.

**8. *La inteligencia está determinada genéticamente y no puede cambiarse:*** los hábitos de vida y el entorno influyen enormemente en nuestras capacidades cognitivas.

**9. *El envejecimiento cerebral no se puede prevenir:*** Adoptar un estilo de vida saludable puede retrasar o incluso prevenir el deterioro cognitivo relacionado con la edad.

**10. *Las personas son dominadas por el hemisferio izquierdo o derecho del cerebro:*** ambos hemisferios trabajan en conjunto para la mayoría de las tareas.

**11. *Solo tenemos cinco sentidos:*** además de los sentidos tradicionales, existen otros como la propiocepción (posición corporal) y la nocicepción (percepción del dolor).

**12. *Las células cerebrales están cableadas y cualquier daño es irreversible:*** el cerebro es plástico y puede adaptarse y recuperarse de ciertos daños formando nuevas conexiones.

Descubre más recursos valiosos
misrecursos.org

### No dejes envejecer tu cerebro

**1. Moverse (actividad física):**
El ejercicio aeróbico vigoroso mejora el flujo sanguíneo al cerebro, estimula la neurogénesis y reduce el estrés. Actividades como caminar rápido, correr, nadar o bailar fortalecen no solo el cuerpo, sino también la mente. *Acción práctica:* dedica al menos 30 minutos diarios, 5 veces a la semana, a una actividad aeróbica que disfrutes. No sólo aeróbica, es importante también tonificar, ya que el tono muscular protege el sistema nervioso.

**2. Descubrir (aprendizaje continuo):**
Aprender cosas nuevas estimula la formación de nuevas conexiones neuronales. *Acción práctica:* dedica 10 minutos diarios a aprender algo nuevo, como un idioma, un instrumento o un tema que te apasione.

**3. Relajarse (gestión del estrés y el sueño):**
Dormir de 7 a 8 horas por noche y reducir el estrés es esencial para la salud cerebral. *Acción práctica:* establece una rutina relajante antes de dormir, como leer o meditar.

**4. Nutrirse (alimentación saludable):**
Una dieta equilibrada y rica en frutos secos, pescados grasos, verduras de hoja verde y granos enteros protege el cerebro. *Acción práctica:* incorpora un puñado de frutos secos o una ensalada en tu dieta diaria.

**5. Conectar (interacción social):**
Las relaciones sociales fortalecen las redes neuronales y previenen la soledad. *Acción práctica:* llama a un amigo o planea una reunión social cada semana.

### El poder del ejercicio aeróbico vigoroso para mantener tu mente clara

El Dr. Gupta enfatiza que el ejercicio aeróbico no solo es para el cuerpo, sino también uno de los mayores aliados para la salud del cerebro. Actividades como correr, nadar, andar en bicicleta o incluso bailar vigorosamente pueden marcar la diferencia entre una mente lúcida y el deterioro cognitivo.

### ¿Por qué funciona?

**1. Aumenta el flujo sanguíneo al cerebro:**
Lleva oxígeno y nutrientes esenciales a las células cerebrales, ayudándolas a repararse y mantenerse saludables.

**2. Promueve la neurogénesis:**
Estimula la creación de nuevas neuronas, especialmente en áreas relacionadas con la memoria.

**3. Reduce el estrés y la inflamación:**
Dos factores clave que pueden dañar tu cerebro.

**Cómo empezar hoy mismo:**

• **Ponte en movimiento 5 días a la semana:** dedica al menos 30 minutos a ejercicios aeróbicos como caminar rápido, trotar, bailar o nadar.

• **Empieza poco a poco:** si estás fuera de forma, haz caminatas de 10 minutos e incrementa gradualmente el tiempo y la intensidad.

• **Incorpora diversión:** escoge actividades que disfrutes; la consistencia es más importante que la perfección.

### *La vejez no es una sentencia, es una oportunidad*

No te resignes a creer que envejecer significa decadencia. Muchos efectos asociados con la edad pueden evitarse o retrasarse con buenos hábitos. Tu cerebro y cuerpo son increíblemente adaptables y resilientes. Hoy es el mejor momento para comenzar a fortalecer tu mente, nutrir tu cuerpo y conectar con los que amas. Envejecer puede ser una etapa de fuerza, propósito y crecimiento si tomas acción ahora.

A los 67 años tuve un dolor en un hombro, algunas personas cercanas me decían que era el mango rotador, que era normal para mi edad y más que yo no había hecho nunca ejercicio, ni practicado ningún deporte. Mi esposa Diana, en su clase de pilates, conoció a Nicolás, un joven de 22 años recién salido de la universidad, graduado de fisioterapeuta, quien me llevó a una rutina de ejercicio diario en la que gradualmente me exigía un poco más. Comencé a correr y en unos meses ya podía hacer 5 k, después me entusiasmé con entrenar para participar en una triatlón categoría sprint, 5k corriendo, 750 metros nadando y 20 kilómetros en bicicleta, entrené durante casi dos años y lo logré a los 69 años. Nunca lo hubiera creído, en la carrera encontré participando a varias personas de mi edad.

Esta meta me llevó a cambiar en forma natural mis hábitos alimenticios, dormir mucho mejor, dejar casi por completo el licor, aumentar mi flexibilidad, mi vitalidad y mi creatividad.

### El desafío para el lector

Tu cerebro es como un músculo: cuanto más lo cuidas, más fuerte se vuelve. Empieza hoy mismo con un pequeño paso: sal a caminar, elige alimentos nutritivos, llama a un amigo o aprende algo nuevo. La clave no está en la perfección, sino en la constancia. ¡Tu mente te lo agradecerá!

### Conviértete en el director general de tu salud

*En La fuerza de la vida*, Tony Robbins enfatiza la importancia de asumir un rol proactivo en la gestión de nuestra salud, alentándonos a convertirnos en los «directores generales» de nuestro bienestar. Habla de cambiar la mentalidad tradicional respecto a la salud: en lugar de abordar las enfermedades únicamente cuando aparecen, debemos adoptar una actitud proactiva y preventiva, basada en el empoderamiento personal.

### Estar empoderados con respecto a nuestra salud significa:

**1. Reducir el estrés y la inflamación:** reconocer que somos los principales responsables de nuestro bienestar físico y mental, lo que implica tomar decisiones conscientes sobre alimentación, ejercicio, sueño y manejo del estrés.

**2. Educarnos constantemente:** Robbins sugiere que estar informados es clave para tomar mejores decisiones. Esto incluye aprender sobre avances médicos, biotecnología, nutrición, y estrategias de estilo de vida basadas en evidencia científica.

**3. Cuestionar lo convencional:** no depender únicamente del sistema médico tradicional, que a menudo se enfoca en tratar los síntomas en lugar de prevenir problemas desde la raíz. En cambio, Robbins nos invita a explorar alternativas innovadoras y prácticas integrativas que apoyen nuestra salud a largo plazo.

*Adoptar una posición proactiva implica:*

**1. *Prevenir en lugar de curar:*** implementar hábitos diarios que reduzcan el riesgo de enfermedades, como mantener una dieta equilibrada, hacer ejercicio regularmente, y reducir factores de riesgo como el consumo de tabaco o el exceso de azúcar.

**2. *Detectar señales tempranas:*** estar atentos a las primeras señales de desequilibrios en nuestro cuerpo y actuar de inmediato. Esto puede incluir chequeos regulares, exámenes preventivos, y el monitoreo de indicadores clave como presión arterial, niveles de glucosa y marcadores inflamatorios.

**3. *Optimizar nuestra química corporal:*** Robbins subraya que nuestras elecciones alimenticias y nuestro entorno químico interno son fundamentales para la salud. Adoptar una dieta rica en alimentos integrales, mantener una buena hidratación y evitar sustancias tóxicas son pasos esenciales.

**4. *Incorporar avances científicos:*** aprovechar los avances en biotecnología, como la reprogramación genética, terapias regenerativas o la suplementación con nutrientes específicos para prevenir y revertir condiciones de salud.

**El cambio de mentalidad: de reactivo a preventivo**
**1. *Prevenir en lugar de curar:***
Robbins destaca que este enfoque transforma nuestra relación con la salud. Ya no somos víctimas pasivas esperando que algo salga mal; en lugar de eso, nos convertimos en líderes estratégicos de nuestra vida, implementando acciones diarias que construyen un estado físico y mental resiliente. Este cambio no solo mejora la calidad de vida, sino que también amplía nuestras posibilidades de longevidad con vitalidad. Tu doctor no es responsable de tu salud y de tu curación, es un recurso muy valioso, pero es tu vida.

### *Usa la alimentación como aliada no como amenaza*

En *El milagro metabólico*, el Dr. Carlos Jaramillo explica cómo la relación que tenemos con los alimentos impacta directamente en nuestro metabolismo y bienestar general. Sus libros claros, simples, y amenos destacan la importancia de entender la alimentación, no solo desde un enfoque físico, sino también emocional, para lograr un equilibrio integral.

En el libro, Jaramillo aborda cómo las elecciones alimenticias y los hábitos diarios pueden optimizar el funcionamiento metabólico, prevenir enfermedades y mejorar la calidad de vida.

### *Tu segundo recurso invaluable: la fuerza de tu determinación*

¿Cuántas veces te has dicho «no puedo» o «es demasiado difícil»? Todos enfrentamos pensamientos limitantes que nos hacen creer que no somos capaces. Sin embargo, tu determinación es más poderosa que cualquier duda.

Cuando te enfocas en lo que no puedes cambiar, te sientes atrapado y frustrado, pero al dirigir tu energía hacia lo que sí está bajo tu control, encuentras la fuerza para avanzar. Piensa en un momento en el que, con decisión inquebrantable, superaste obstáculos concentrándote en tus acciones y no en tus limitaciones. Esa misma determinación es el recurso que has utilizado para alcanzar tus logros.

# NO QUIERO
## QUE ME CAMBIES,
QUIERO QUE ME
ACEPTES COMO SOY.

*NO QUIERO
CAMBIARTE,*
**QUIERO ACEPTARTE
COMO ERES.**

### Stephen Hawking es el ejemplo perfecto de esta lección

La historia del físico Stephen Hawking es la prueba de lo que ocurre cuando dejas de quejarte y eliges el camino del enfoque positivo. A los 21 años, siendo un estudiante brillante con un extraordinario y prometedor futuro, fue diagnosticado con una enfermedad degenerativa que le dio solo dos años de vida. Inicialmente, Hawking se dejó llevar por la desesperación: se encerró en su cuarto, alejó a sus amigos y terminó con su pareja.

Pero cuando su novia le insistió que se casaran, que no perdiera el tiempo lamentándose y le pidió que viviera lo mejor posible, algo cambió. Aunque al principio lo hizo por ella, esa pequeña chispa de determinación creció y se convirtió en su motor personal.

A medida que su cuerpo se debilitaba, su mente se volvía más fuerte. Decidió enfocarse en lo que sí podía hacer, no en lo que había perdido. Aunque ya no podía moverse, hablar o comer por sí mismo, nunca perdió su curiosidad, su humor ni su espíritu de lucha. Hawking revolucionó el entendimiento del universo desde una silla de ruedas, operando un sintetizador de voz con un solo músculo de su mejilla.

*Stephen Hawking se enfocó en lo que podía hacer a pesar de sus limitaciones.* Ahora, te invito a identificar una limitación en tu vida.

¿Qué habilidad o recurso que te ha ayudado en el pasado podrías desarrollar y te ayudaría a lograr lo que quieres?

¿En qué momento tu determinación te llevó a lograr algo que parecía imposible y qué cualidades reconoces en ti por ese logro?

**92**

Hawking vivió 55 años más de lo que los médicos predijeron, dejando un legado científico y personal extraordinario. Pero no necesitas ser un genio de la física para tener un impacto significativo en tu vida. Cada día, personas comunes eligen enfocarse en lo que pueden cambiar y en ese enfoque está su verdadera fuerza. ¡Tú lo has hecho varias veces en tu vida! ¡Y lo puedes hacer una y mil veces más si decides con DETERMINACIÓN!

Stephen Hawking no solo nos enseñó sobre los secretos del universo, sino también sobre el poder de elegir cómo enfrentar nuestras limitaciones. No podemos controlarlo todo, pero siempre tenemos el poder de decidir cómo reaccionar ante lo que la vida nos presenta.

Recuerda que, como lo dijo el propio Hawking, «por difíciles que parezcan las cosas, siempre existe algo que puedes hacer y tener éxito». Tu poder de elección es tu superpoder. No necesitas descifrar los misterios del universo, solo decidir cómo aprovechar lo que depende de ti.

🖊 ¿Qué pasos darás hoy para enfrentar tus limitaciones y enfocar tu energía en lo que puedes cambiar? ¿Qué cambiaría en tu vida?

 🖊 ***Ahora te propongo un ejercicio que he llamado la metamorfosis de la determinación.*** Recuerda uno de esos momentos en los que actuaste con determinación inquebrantable. Reflexiona y describe cómo cambió tu manera de pensar y actuar. ¿Cómo se disparó tu creatividad para superar obstáculos? ¿De qué manera aumentó tu flexibilidad para adaptarte a los desafíos? ¿Cómo se transformó tu ética de trabajo y resistencia?

🖊 Ahora describe en quién te convertiste durante ese período. ¿Qué cualidades descubriste en ti?

🖊 *¿Qué sueño has postergado porque te dices que «no es el momento»?* ¿Cuál sería un pequeño paso que hoy podrías dar en esa dirección?

🖊 Si tuvieras la certeza absoluta de que no puedes fallar, ¿qué harías diferente mañana?

*Jessica y su esposo atravesaron una crisis financiera cuando él perdió su empleo.* | *EPISODIO 444* Se endeudaron, perdieron su casa y vivieron con muchas dificultades económicas. Sin embargo, decidieron transformar su vida tomando decisiones inteligentes, como empezar a alquilar propiedades a través de plataformas como Airbnb, y ajustando su estilo de vida. Con determinación, pasaron de estar al borde de la quiebra a generar miles de dólares mensuales en ingresos pasivos a través de bienes raíces en tan solo 4 años.

CANAL YouTube
CARLOS DEVIS

AHORA QUE ESTOY JUBILADO
Y TENGO TIEMPO PARA HACER LO QUE QUIERO
¡YA NO ME ACUERDO DE LO QUE QUIERO!

### Tu tercer recurso invaluable: el tiempo

Imagina que cada día tienes un banco de tiempo para crear la vida que quieras: 24 horas, 1.440 minutos, 86.400 segundos. Al año eso son 8.760 horas, 525.600 minutos, 31'536.000 segundos. Multiplicado por el número de años que podrás vivir, es el tiempo que tienes para construir tu vida, convertirte en la persona que quieres ser, construir tus relaciones y tu familia, crear tu libertad financiera, ayudar a tu comunidad y cuidar tu cuerpo y tu crecimiento mental, emocional y espiritual. Y cómo usas ese tiempo puede definir no solo tu productividad, sino también la calidad de tu vida. No se trata solo de hacer más cosas, sino de hacer las cosas correctas.

*✐ Imagina que un día te llama el gerente del banco del tiempo* y te pregunta en qué has usado esos años, días, horas y minutos de tu vida ¿Los has utilizado para construir la persona, las relaciones, las finanzas y la salud que quieres?

### Haz del tiempo tu aliado

Stephen Covey, en su famoso libro *Los 7 hábitos de las personas altamente efectivas,* habla de una herramienta poderosa para ayudarte a gestionar tu tiempo de una manera más efectiva. El objetivo no es hacer más, sino hacer lo que te ayuda a convertirte en la persona que quieres. Esta herramienta es el cuadrante del tiempo. Este concepto te ayuda a decidir qué tareas merecen tu atención y cuáles son sólo distracciones.

Covey divide todas nuestras actividades diarias en cuatro cuadrantes basados en dos criterios: urgencia e importancia.

Para aplicar este concepto, quiero que escribas una lista de tus actividades diarias. Comienza anotando todo lo que haces en un día típico o en una semana. Sé detallado: incluye tanto actividades relacionadas con el trabajo como las personales, desde reuniones, plazos y tareas hasta momentos de descanso o distracciones, como redes sociales o conversaciones innecesarias. Después clasifica cada una de tus actividades en uno de los siguientes cuadrantes.

### Cuadrante 1: urgente e importante

Aquí están las crisis y los problemas que requieren atención inmediata. Un día típico en el cuadrante 1 se caracteriza por estrés desde el comienzo. Llegas al trabajo sintiéndote apurado por tareas que debían haberse hecho antes, pero que pospusiste por crisis inesperadas. Durante el día, te enfrentas a interrupciones constantes que requieren de atención inmediata, llamadas inesperadas, revisar e-mails y tener reuniones inútiles no planeadas, lo que te desestabiliza y te hace tomar decisiones rápidas sin mucha reflexión, comer de prisa y lidiar con plazos apremiantes. Terminas el día agotado, emocionalmente drenado y con la sensación de que, a pesar de estar ocupado todo el tiempo, no avanzas realmente en lo importante.

Una persona que se pasa la mayor parte de su tiempo en el cuadrante 1 suele estar estresada, apurada y agotada. Vive «apagando incendios» y rara vez siente que tiene el control sobre su tiempo.

 *Sin contar el tiempo de dormir, ¿qué porcentaje de tu tiempo pasas cada día en este cuadrante?* ¿Qué podrías dejar de hacer, delegar, planificar o hacer de una forma diferente?

### Cuadrante 2: no urgente, pero importante

Este es el cuadrante donde debes pasar más tiempo. Aquí es donde están las actividades que te ayudan a alcanzar tus metas a largo plazo: la planificación, la reflexión, el crecimiento personal y la construcción de relaciones.

Un día típico en el cuadrante 2 comienza con planificación. Te enfocas en actividades que contribuyen a tus metas a largo plazo, como desarrollo personal, trabajo en proyectos importantes o fortalecimiento de relaciones. Hay tiempo para reflexionar, aprender y ajustar tus prioridades.

**97**

Aunque hay urgencias, estás en control de tu tiempo, avanzas con calma y de forma proactiva, evitando futuros problemas. Terminas el día sintiéndote productivo, satisfecho y con la sensación de que estás progresando en lo que realmente importa. Quienes le dedican tiempo al cuadrante 2 están tranquilos, satisfechos y en control. Sienten progreso constante hacia sus objetivos y mayor bienestar personal.

*Sin contar el tiempo de dormir, ¿qué porcentaje de tu tiempo pasas en este cuadrante?* ¿Qué podrías dejar de hacer, delegar o hacer de una forma diferente para estar más tiempo en este cuadrante?

### Cuadrante 3: urgente, pero no importante

Estas son tareas que parecen urgentes, pero no aportan mucho valor. Son cosas como llamadas o correos que no cambian realmente el curso de tu vida o trabajo. Un día típico en el cuadrante 3 está lleno de interrupciones. Recibes muchas llamadas, correos y tienes reuniones que parecen urgentes, pero que en realidad no aportan valor significativo a tus metas. A pesar de estar ocupado todo el día, gran parte de tu tiempo se va en tareas que otros te imponen o en atender asuntos triviales. Terminas el día sin energía, con la sensación de que has hecho mucho, pero sin progresar en lo que es verdaderamente importante para ti. Una persona atrapada en el cuadrante 3 se siente ocupada, pero improductiva. A menudo se siente frustrada por no avanzar en lo que realmente importa.

*Sin contar el tiempo de dormir, ¿qué porcentaje de tu tiempo pasas en este cuadrante?* ¿Qué podrías dejar de hacer, delegar o hacer de una forma diferente?

**98**

### Cuadrante 4: no urgente, no importante

Aquí están las actividades que son simplemente una pérdida de tiempo: redes sociales en exceso, televisión sin propósito o cualquier cosa que hagas para procrastinar.

Un día típico en el cuadrante 4 se pierde en actividades triviales y de distracción. Hay poca o nada de productividad y te pasas el tiempo enzarzado en tareas que no le aportan nada a tu crecimiento o bienestar. Al final del día, te sientes insatisfecho, con la sensación de haber desperdiciado tu tiempo y sin haber logrado nada significativo.

Quienes le dedican tiempo al cuadrante 4 suelen sentirse estancadas y tienen poca energía o motivación para cambiar su situación.

*Sin contar el tiempo de dormir, ¿qué porcentaje de tu tiempo pasas en este cuadrante?* ¿Qué podrías dejar de hacer, delegar o hacer de una forma diferente?

Covey nos enseña que la clave para una vida plena es decidir conscientemente en qué usamos nuestro tiempo y energía. Si te pasas tu vida apagando incendios (cuadrante 1), estarás siempre cansado y lo peor es que no estarás avanzando hacia tus metas.

En cambio, si aprendes a priorizar lo importante, empezarás a tener más control sobre tu vida y a ser más proactivo y menos reactivo (cuadrante 2).

Para hacer un autodiagnóstico de tu manejo del tiempo, repasa tu lista de actividades diarias y ubica cada una con un punto en este cuadrante. Así podrás saber tu tendencia y decidir los ajustes que te convengan.

### El costo de perder tiempo: el efecto compuesto interno

### 1. Procrastinación constante:

Si postergas algo 15 minutos cada día para evitar tareas importantes, en un año habrás perdido 91 horas (el equivalente a más de dos semanas laborales). Estos pequeños retrasos acumulados te impedirán avanzar de manera efectiva hacia tus metas personales o profesionales, disminuyendo tu rendimiento.

### 2. Distracción diaria en el trabajo:

Revisar redes sociales o distraerte durante solo 10 minutos varias veces al día puede parecer inofensivo. Sin embargo, si lo haces cinco veces al día, al cabo de un año habrás perdido alrededor de 182 horas, casi un mes de trabajo, lo que afectará tu progreso en proyectos importantes y tu crecimiento profesional. En estas horas podrías aumentar tus ingresos en un 10 o 20 % al año.

### 3. Falta de atención a las relaciones:

Dedicarle menos tiempo o atención a tus relaciones cercanas, incluso por tan solo 10 minutos diarios de distracción (usando el teléfono durante una conversación, por ejemplo), puede erosionar la calidad de esas relaciones con el tiempo. En un año, habrás pasado más de 60 horas desconectado de personas importantes, lo que puede afectar la profundidad y calidad de tus vínculos. En estas horas puedes construir o mejorar relaciones que te ayudarán a crear la calidad de vida que quieres.

### 4. Abandono del desarrollo personal:

Ignorar el aprendizaje y el desarrollo personal por 15 minutos al día para ver televisión o navegar sin rumbo en internet puede parecer insignificante en el momento. Sin embargo, al cabo de un año, habrás perdido 91 horas que podrías haber invertido en aprender una nueva habilidad, mejorar tu carrera o avanzar en proyectos personales.

**5. Falta de ejercicio:**

Si decides no hacer ejercicio porque 'no tienes tiempo' y pasas 20 minutos diarios en actividades sedentarias, en un año habrás acumulado 120 horas de inactividad, lo que aumentará tu riesgo de enfermedades y afectará tu bienestar. En estas horas podrías cambiar totalmente tu apariencia física, mejorar sustancialmente tu salud, reducir el estrés y dormir mejor.

**Conclusión:**

Así como las pequeñas acciones positivas se acumulan para producir grandes resultados, las pequeñas distracciones, la procrastinación y la falta de atención también se suman, pero en este caso con consecuencias negativas. El efecto compuesto inverso nos muestra que perder el tiempo de manera aparentemente insignificante todos los días puede tener un gran impacto en nuestras metas y bienestar a largo plazo, socavando nuestro progreso y éxito.

**Tu cuarto recurso invaluable: tu capacidad de aprender y transformar tu vida**

¿Recuerdas cuando aprendiste a usar tu nuevo celular, el GPS, un nuevo video juego o una app que te ayudó a hacer más fácil tu vida? ¿Te das cuenta de cuántas cosas nuevas has aprendido y de todo lo que ahora haces bien?

Creé mi primer pódcast a los 65 años. Ni había escuchado esa palabra, pero aprendí en YouTube cómo hacerlo, tomé un curso en línea y me lancé. Pasó lo mismo luego con mi canal de YouTube y eso me ha cambiado la vida.

En un mundo que no deja de evolucionar, aprender no es una opción, sino una necesidad. Alvin Toffler lo expresó claramente: «la determinación sin conocimiento es estupidez». Pero aprender no tiene que ser aburrido ni imposible. ¿Qué pasaría si pudieras demostrarte que eres capaz de aprender cualquier cosa que te propongas? Hoy vamos a convertir el aprendizaje en una experiencia emocionante que transforme tu vida personal y profesional.

**¿Cómo convencerte de que puedes aprender lo que quieras?** Si tu vida dependiera de convencer a alguien de que puedes aprender lo que te propongas, ¿qué argumentos darías? Recuerda algo importante que aprendiste, quizás en el trabajo o en los estudios, y que al principio parecía imposible. ¿Qué hiciste para superar las dificultades? Tal vez pediste ayuda, lo dividiste en partes pequeñas o encontraste una forma de hacerlo más divertido. Esas mismas estrategias son las que puedes aplicar para tu próximo reto.

**La historia de Víctor, un comediante filipino | EPISODIO 420,** que decidió aprender español  mientras profundizaba en su educación financiera, es un ejemplo inspirador de superación. Su búsqueda constante de conocimiento lo llevó a cambiar paradigmas sobre la riqueza, entendiendo que no se trata de lujo, sino de libertad, felicidad y paz. Con persistencia, disciplina y una mentalidad de aprendizaje continuo, Víctor ha logrado aplicar conceptos financieros en un contexto desafiante, demostrando que las limitaciones son solo un punto de partida. Su reflexión nos invita a tomar acción y a recordar que el cambio comienza con una decisión firme.

### Transforma el aprendizaje en un juego

Ray Dalio, en *Principios: vida y trabajo,* subraya la importancia de ser autodidacta, mientras que Stuart Brown, en *¡A jugar! La forma más efectiva de desarrollar el cerebro, enriquecer la imaginación y alegrar el alma,* destaca cómo el juego hace que aprender sea más fácil y agradable. Usa estas estrategias para hacer del aprendizaje una experiencia divertida:

**1. Convierte el aprendizaje en retos diarios.**

Si quieres mejorar en comunicación, por ejemplo, practica hablar con claridad durante una reunión y pide retroalimentación.

**2. Gamifica tu proceso.**

Usa aplicaciones como Duolingo para idiomas o Coursera para habilidades profesionales, pues en ambas ganarás «puntos» al completar lecciones.

**3. Celebra tus logros.**

Cada vez que aprendas algo nuevo o completes una tarea, recompénsate con algo que disfrutes, como una película o una salida especial.

 🖊 *¿Qué te gustaría aprender que está a tu alcance y te ayudaría profesionalmente, pero has estado posponiendo?* ¿Qué beneficio concreto obtendrás si aprendes algo nuevo?

### ¿Eres una persona enseñable?

Aprender es una de las habilidades más valiosas que podemos desarrollar, pero no todos estamos siempre abiertos a recibir nuevas perspectivas o conocimientos. Ser enseñable no significa ser perfecto, sino tener la humildad y la curiosidad para escuchar, reflexionar y mejorar. Este ejercicio está diseñado para ayudarte a evaluar qué tan dispuesto estás a aprender de los demás y cómo puedes fortalecer esa apertura. Tus respuestas te darán claridad sobre cómo enfrentas el aprendizaje y cómo puedes convertirte en alguien más receptivo al cambio y al crecimiento.

## ¿ERES UNA PERSONA ENSEÑABLE?

| PREGUNTA | 1 2 3 4 5 AUTOCALIFICACIÓN | OTRO TE CALIFICA 1 2 3 4 5 |
|---|---|---|
| ☞ Si me critican, ¿Escucho con curiosidad? | | |
| ☞ ¿Busco aprender de quienes saben más? | | |
| ☞ ¿Veo los errores y fracasos como oportunidades para aprender? | | |
| ☞ ¿Cambio fácilmente mi punto de vista si me dan argumentos? | | |
| ☞ ¿Tengo disposición de salir de mi zona de confort? | | |
| ☞ ¿Tengo disposición de pedir ayuda cuando lo necesito? | | |
| ☞ ¿Busco retroalimentación honesta con frecuencia? | | |
| ☞ ¿Pongo en práctica lo que aprendo? | | |

**Nota:** Las calificaciones son solo puntos de referencia para reflexionar, no instrucciones definitivas. Cada aspecto y momento tienen un contexto único que puede influir en los resultados.

Reflexionar sobre estas preguntas es solo el primer paso. ¿Qué te dicen las respuestas acerca de tus oportunidades perdidas o aprovechadas? Lo importante ahora es usar lo que descubriste para tomar acción.

Piensa en una situación reciente en la que alguien trató de enseñarte algo o darte retroalimentación:
- *¿Cómo reaccionaste?*
- *¿Qué podrías hacer diferente la próxima vez?*

Recuerda, ser enseñable no es un destino, es un proceso continuo. Cada conversación, cada error y cada desafío es una oportunidad para aprender y crecer. Haz de la apertura al aprendizaje una práctica diaria, y verás cómo se transforman no solo tus conocimientos, sino también tus relaciones y tu manera de vivir.

### Diseña tu plan de aprendizaje
**1. Identifica los recursos que puedes usar.**
Puede ser un curso en línea, un mentor o vídeos gratuitos en YouTube.
**2. Identifica quién o quiénes te podrían apoyar.**
Haz una lista de esas personas que pueden darte información, recursos, contactos, consejos, etc. Pero recuerda que nadie tiene la obligación de ayudarte.
**3. Establece un primer paso concreto.**
¿Puedes dedicar 30 minutos hoy a investigar sobre el tema? O tal vez inscribirte en un curso gratuito o preguntar a alguien cómo empezó.
**4. Imagina los beneficios.**
Piensa en los resultados tangibles que obtendrás, como mejorar tu desempeño laboral, generar nuevas oportunidades o sentirte más seguro en tu área profesional.
**5. Comprométete.**
Establece un pequeño hábito diario, como leer cinco páginas, practicar 20 minutos o reflexionar al final del día sobre lo aprendido.

*Haz que el aprendizaje sea tu superpoder.*

Elon Musk dijo: «Hoy en día puedes aprender cualquier cosa gratis». Con recursos ilimitados al alcance de tu mano, no hay límites para lo que puedes lograr. A veces, el primer paso es el más difícil, pero si decides darlo, descubrirás que tienes más capacidad de la que crees.

Todo lo que necesitas para aprender y crecer está al alcance de un clic. ¡Aprovéchalo!

¿Cómo cambiaría tu vida si decides valorar, disfrutar y utilizar tu capacidad de aprender?

En un mundo cambiante, los diplomas son menos relevantes que el hábito del aprendizaje continuo. En *Principios: vida y trabajo*, Ray Dalio subraya la importancia de ser autodidacta y buscar activamente nuevos conocimientos para resolver problemas y tomar mejores decisiones. Por eso, te compartiré algunas claves para aprender y transformarte.

**1. Adopta la humildad del estudiante.**
Preguntar con curiosidad es fundamental, así que interésate por cómo otras personas hacen lo que hacen.

**2. Cuestiona tus acciones.**
Reflexiona y busca mejores formas de hacer las cosas. Pregúntate qué hacen mejor quienes logran lo que tú quieres alcanzar o cómo puedes mejorar en lo que haces.

**3. Profundiza en los detalles técnicos.**
Entender los fundamentos mejora las decisiones, así que investiga a fondo un tema o habilidad clave para tu desarrollo personal o profesional.

**106**

**4. *Aprende algo nuevo cada día.***

Establece hábitos de aprendizaje constante. Puedes dedicar 30 minutos diarios a leer un libro, ver un video educativo o explorar nuevas estrategias.

**5. *Reflexiona sobre tus errores.***

Dalio enseña que «dolor + reflexión = progreso». Con eso en mente, pregúntate por qué te critican, en qué tienen razón y cómo podrías usar eso para mejorar.

**Tu quinto recurso invaluable: tu capacidad de crear relaciones**

Alguien dijo alguna vez «prefiero dos buenos amigos que un millón de seguidores». En esta época de interconexión, piensa en una oportunidad que se te dio porque alguien creyó en ti, te recomendó y así te relacionaste con otras personas clave. Este efecto multiplicador puede transformar tu vida si construyes relaciones reales y sólidas.

El concepto de los «seis grados de separación» de Frigyes Karinthy, confirmado por estudios como el de Facebook y el de la Universidad de Milán, demuestra que hoy, gracias a la tecnología, es más fácil llegar a cualquier persona en el mundo a través de contactos mutuos. Sin embargo, no se trata de acumular seguidores, sino de construir relaciones auténticas que te ayuden a crecer y avanzar.

Así pues, Stephen Covey, en *La velocidad de la confianza*, enfatiza que la confianza es el pilar fundamental de las relaciones y del éxito empresarial. Un claro ejemplo de esto es la quiebra de Enron, una empresa multimillonaria que no colapsó por falta de dinero, sino por perder la confianza de sus inversores, empleados y el público.

Este caso evidencia cómo la falta de integridad y transparencia puede destruir organizaciones que parecían sólidas. Entonces, construir confianza te permite crear un terreno fértil para la colaboración y el éxito, pero perderla puede desmoronar incluso los mayores imperios económicos.

¿Qué pasos puedes dar hoy para fortalecer una relación clave en tu vida?

### Cultiva tus activos emocionales

En *Los 7 hábitos de la gente altamente efectiva,* Stephen Covey introduce la metáfora de la cuenta bancaria emocional para explicar cómo se construyen y mantienen las relaciones de confianza. Imagina que cada interacción con alguien cercano es como una transacción en una cuenta bancaria emocional.

Los depósitos emocionales son actos de bondad, respeto, cumplimiento de promesas e integridad que fortalecen la confianza en una relación. Por el contrario, los retiros emocionales ocurren con decepciones, incumplimientos o falta de respeto, disminuyendo el «saldo emocional» y debilitando el vínculo.

Así mismo, un sobregiro emocional sucede cuando realizamos más «retiros» que «depósitos», dejando la relación en «números rojos» y generando resentimiento o desconfianza. En cambio, los ahorros emocionales, acumulados con gestos positivos constantes, crean una base sólida que le permite a la relación resistir tensiones y desacuerdos sin romperse.

 Elige 5 relaciones con cercanos de familia, trabajo, amigos y con cada uno reflexiona si estás en sobregiro o tienes buenos depósitos y qué podrías hacer para incrementarlos.

Descubre más recursos valiosos
misrecursos.org

**Una pareja ecuatoriana en España | EPISODIO 470**

decidió transformar su situación financiera tras casarse. Comenzaron con bajos ingresos, viviendo de alquiler, pero gracias a la iniciativa de la mujer, gradualmente incluyó a su esposo en el proceso, ambos potenciaron sus recursos al implementar nuevos hábitos marcando un cambio radical en sus vidas y logrando construir la vida extraordinaria que soñaban.

### *¿Tu círculo cercano de amigos te eleva o te limita?*

¿Alguna vez te has detenido a pensar en el impacto que tienen las personas con las que pasas más tiempo? Según Jim Rohn, «somos el promedio de las cinco personas con las que más compartimos». Esto significa que las actitudes, valores, y comportamientos de tu círculo cercano moldean quién eres, cómo piensas y cómo enfrentas la vida. ¿Estas personas te están ayudando a crecer o te están frenando?

Tu círculo puede actuar como un trampolín que te impulsa hacia tus metas o como un ancla que te mantiene atado a los mismos patrones. No se trata de juzgar a los demás, sino de evaluar si las personas que te rodean reflejan los valores y aspiraciones que tienes para tu vida. Igual de importante es reflexionar sobre tu propio impacto en ellos. ¿Estás siendo una influencia positiva o contribuyendo al estancamiento de tu círculo?

### *Reglas útiles para que una relación de amistad sea grata y perdure*

A lo largo de mi vida, he tenido la fortuna de mantener amistades durante décadas, algunas de ellas por más de 50 años. También he perdido otras relaciones, aprendiendo valiosas lecciones en el camino. Estas son las reglas que he desarrollado y aplico para cuidar y disfrutar mis relaciones con amigos.

### *1. No espero que el otro cumpla mis expectativas*

Mis expectativas no son obligaciones para la otra persona. Cada uno tiene el derecho de actuar como prefiera. Yo decido cómo responder a lo que el otro hace o dice, pero no intento imponer lo que espero de ellos.

### 2. Respeto la libertad del otro

No me creo con derecho a decirle al otro qué hacer o cómo vivir, a menos que me lo pida explícitamente o sea parte de nuestra dinámica. Si sugiero algo, lo hago con respeto y sensibilidad.

### 3. Agradezco, no exijo

No espero que mi amigo o amiga me llame, me conteste, me felicite en mi cumpleaños, me preste dinero, o esté de acuerdo conmigo. Tampoco espero que devuelva favores, me invite a sus eventos o me dé algo a cambio. Puedo pasar años sin ver a alguien, pero valoro profundamente cada encuentro como una oportunidad especial.

### 4. Reclamo y pongo límites con sensibilidad

Si necesito expresar un desacuerdo o establecer un límite, lo hago con respeto y cuidado, buscando proteger la relación en lugar de dañarla.

### 5. Asumo mi parte en los conflictos

Cuando enfrentamos un momento difícil, reflexiono sobre mi parte de responsabilidad. Hago lo posible por cuidar la relación a largo plazo, priorizando el vínculo sobre el desacuerdo, y recuerdo que la otra persona también soporta o acepta actitudes mías que no son fáciles para ella.

### 6. Entiendo que cada amigo cumple un rol diferente

Tengo amigos con quienes comparto ciertos intereses y otros para temas completamente distintos. No todos tienen que coincidir en todo, y eso está bien.

### 7. Evito complicar la relación con negocios

Procuro no hacer negocios con mis amigos. Si lo hago, busco establecer la máxima claridad en los acuerdos y cumplo con mi parte al 100 %.

### 8. Respeto las diferencias de opinión

Si tenemos desacuerdos en temas delicados como política o religión, evito tocarlos. En su lugar, elijo respetar y valorar nuestras diferencias. muchas veces guardo silencio por que prefiero la amistad que tener la razón por una opinión que yo mismo, después, puedo cambiar.

### 9. Disfruto y agradezco lo que cada amistad me ofrece

En resumen, no espero nada de la otra persona. Me enfoco en valorar, aprender y disfrutar de lo que cada amigo o amiga tiene para compartir conmigo, tal como es y a su manera.

### Reflexión final

Estas reglas me han ayudado a construir amistades más auténticas y duraderas. La amistad es un regalo que se cuida con respeto, empatía y gratitud. Al aplicar estas ideas, no solo mejoramos nuestras relaciones, sino que también crecemos como personas.

### Aprende de la gente que admiras: cómo hacer preguntas poderosas para transformar tu camino

Este ejercicio está diseñado para ayudarte a reflexionar desde nuevas perspectivas y aprovechar la sabiduría de personas que respetas y que han logrado lo que tú quieres. Preguntar no solo te brinda ideas valiosas, sino que también te ayuda a construir relaciones más profundas basadas en confianza y aprendizaje.

Elige 5 personas que admiras y han logrado lo que quieren y hazles las siguientes preguntas:

**1.** Si estuvieras en mi situación, ¿qué harías diferente para lograr lo que quiero?

**2.** ¿Qué crees que es lo que hago que pudiera estar limitando mi progreso?

**3.** ¿Qué fortalezas crees que tengo y no estoy aprovechando al máximo?

**4.** ¿Qué habilidad o hábito crees que debería desarrollar para acercarme a mis metas?

**5.** ¿Qué tan fácil o difícil te resulta decirme cosas que, según tu opinión necesito mejorar? ¿Por qué?

### Reflexión posterior

• **¿Qué descubriste?:** Tómate un momento para procesar las respuestas. Identifica patrones o temas comunes en lo que las personas mencionan.

• **¿Qué pasos tomarás?:** Escoge una o dos acciones específicas que puedas implementar de inmediato basándote en lo que escuchaste.

• **¿Cómo mejorarás tus relaciones?:** Reflexiona sobre cómo puedes hacer que sea más fácil para otros darte retroalimentación en el futuro.

### Cuadro: análisis individual de relaciones

Usa este cuadro para hacerte preguntas relevantes sobre cada relación significativa de amistad en tu vida. Reflexiona tanto sobre lo que valoras como sobre lo que ofreces en la relación. Llena un cuadro por cada persona.

Al elegir la persona, evalúa cada una de las preguntas de como piensas que esa persona es en cada aspecto contigo y como eres tú con esa persona.

En las respuestas sí o no, realmente es en general como definirías ese aspecto de esa persona, las personas no actuamos igual siempre, el objetivo de las preguntas es ayudarte a reflexionar sobre cómo calificas la influencia de esa relación en tu vida y qué clase de influencia piensas que eres para otra persona.

NOMBRE DEL AMIG@ _ _ _ _ _ _ _ _ _ _ _ _ _ _ _ _ _ _ _ _ _ _ _ _ _

## TUS AMIGOS ¿TE ELEVAN O TE LIMITAN?

| C R I T E R I O<br>IMPACTO EMOCIONAL: | ELIGE UNA OPCIÓN | MI IMPACTO EN LA<br>RELACIÓN (SI-NO) |
|---|---|---|
| ¿Me siento **motivado/a** y con energía después de estar con esta persona? | ☐ *SI*<br>☐ *NO* | ☞ ¿Inspiro y motivo a esta persona? |
| TEMAS DE CONVERSACIÓN:<br>¿Hablamos más de ideas y soluciones que de problemas o críticas? | ☐ *SI*<br>☐ *NO* | ☞ ¿Enfoco nuestras conversaciones en soluciones? |
| APOYO PERSONAL:<br>¿Esta persona me inspira a alcanzar mis metas y me ofrece retroalimentación constructiva? | ☐ *SI*<br>☐ *NO* | ☞ ¿Apoyo y aliento a esta persona en sus metas? |
| HÁBITOS POSITIVOS:<br>¿Demuestra hábitos y valores que quiero adoptar? | ☐ *SI*<br>☐ *NO* | ☞ ¿Soy un ejemplo positivo para esta persona? |
| AUTENTICIDAD:<br>¿Puedo ser yo mismo/a sin temor a ser juzgado/a con esta persona? | ☐ *SI*<br>☐ *NO* | ☞ ¿Le permito ser auténtico/a conmigo? |
| RELACIÓN EQUILIBRADA:<br>¿Nuestra relación es recíproca, no unidireccional? | ☐ *SI*<br>☐ *NO* | ☞ ¿Contribuyo al equilibrio en nuestra relación? |

***Nota:*** Las calificaciones son solo puntos de referencia para reflexionar, no instrucciones definitivas. Cada aspecto y momento tienen un contexto único que puede influir en los resultados.

### Interpreta los resultados del cuadro

Recuerda que es tu evaluación. Si hay muchas respuestas «no», reflexiona sobre los patrones que estás creando y manteniendo y el efecto que están teniendo en tu vida.

Evalúa si estás contribuyendo a una relación positiva o si tus acciones necesitan ajustes con cada una de estas personas. ¿Eres el tipo de persona que quieres en tu propio círculo cercano?

### Estrategias para mejorar relaciones desequilibradas

Si identificas relaciones limitantes o neutras que deseas mejorar, aquí tienes algunas estrategias:

### 1. Comunicación abierta

Habla honestamente con la otra persona sobre cómo te sientes y qué aspectos de la relación podrían mejorar.

• ***Ejemplo:*** «Valoro mucho nuestra relación, pero he notado que a veces nos enfocamos más en los problemas que en las soluciones. ¿Qué te parece si intentamos apoyarnos más mutuamente con ideas positivas?»

### 2. Establece límites saludables

Si la relación te está drenando, aprende a establecer límites claros para proteger tu energía.

• ***Ejemplo:*** Si alguien constantemente critica tus metas, puedes decir: «prefiero no hablar sobre esto ahora. Estoy enfocado/a en avanzar y me gustaría mantener la conversación positiva».

### 3. Sé un modelo de cambio

A menudo, nuestras acciones pueden influir más que nuestras palabras. Si deseas más apoyo o positividad, comienza ofreciéndolo.

• *Ejemplo:* si deseas que alguien sea más constructivo, comienza dándole retroalimentación positiva y alentadora.

### 4. Evalúa tu propio impacto

Usa la columna «Mi impacto» para identificar cómo puedes contribuir a mejorar la relación:

• *Ejemplo:* si calificaste bajo en «Apoyo personal», busca formas de estar más presente para esa persona, como escuchar activamente o ayudar con sus metas.

### 5. Considera soltar relaciones tóxicas

Si una relación sigue siendo desequilibrada a pesar de tus esfuerzos, puede ser hora de alejarte. Esto no siempre significa cortar completamente el contacto, pero sí limitar el tiempo y la energía que inviertes.

Recuerda que la otra persona no es tóxica, lo tóxico es la forma como yo me relaciono con el otro.

Interpretar este cuadro no se trata de juzgar, sino de tomar decisiones conscientes. Algunas relaciones se fortalecerán con comunicación y ajustes, mientras que otras podrían necesitar límites o distancia. Recuerda que el objetivo es rodearte de personas que te inspiren y apoyen, mientras tú también contribuyes positivamente a sus vidas.

# NO HE LOGRADO NADA QUE VALGA LA PENA....

**NO AGRADEZCO** NI VALORO MIS ESFUERZOS Y RESULTADOS

¿SERÁ **POR ESO QUE NO AVANZO?**

### Cuando las conexiones digitales nos atrapan

Una confesión personal: recuerdo el día que alcancé los 10.000 seguidores en redes sociales. Sentí una extraña mezcla de orgullo y vacío. Estaba en un restaurante celebrando «mi éxito digital», cuando mi hijo me preguntó:

–Papá, ¿por qué le sonríes más a tu teléfono que a nosotros? Esa pregunta fue como un golpe al estómago. Me di cuenta de que había caído en la trampa de confundir atención con conexión, likes con afecto, seguidores con amigos verdaderos.

Me había vuelto adicto a revisar cuántos 'me gusta' recibían mis publicaciones, editar fotos para mostrar una vida «perfecta», sentirme ansioso si no recibía suficiente validación digital y comparar mi número de seguidores con otros. Mientras tanto, estaba perdiendo momentos reales, como conversaciones profundas con mi familia, risas espontáneas con amigos cercanos, la paz de estar presente sin necesidad de documentarlo todo y las conexiones genuinas que no necesitan filtros.

¿No es irónico? Tenía miles de «amigos» online, pero me sentía cada vez más solo. Publicaba fotos de comidas perfectas, pero apenas disfrutaba del sabor real. Compartía momentos «especiales», pero no los vivía realmente porque estaba más preocupado por documentarlos.

Esa búsqueda constante por la validación digital de hoy en día trae consigo ciertos costos ocultos, así que te los revelaré:

• Se pierde la autenticidad, pues creamos versiones «mejoradas» de nosotros mismos, nos obsesionamos con la apariencia perfecta y perdemos la capacidad de ser vulnerables y reales.

• Las relaciones reales se deterioran porque priorizamos las interacciones superficiales en línea, descuidamos a quienes están físicamente presentes y confundimos la atención con una conexión genuina.

• Padecemos de ansiedad social, ya que entramos en una comparación constante con vidas «perfectas», nos entra el FOMO (fear of missing out o miedo a perdernos algo) y empezamos a sentir una necesidad constante de obtener validación externa.

### El despertar

Un día, durante una reunión familiar, me di cuenta de que todos estábamos en nuestros teléfonos, compartiendo el momento en redes... pero no entre nosotros. Nos encontrábamos juntos, pero separados por pantallas, buscando la aprobación de extraños mientras ignorábamos el amor que teníamos disponible justo frente a nosotros. Me di cuenta de que estar pegado a la pantalla no me hacía sentir pleno. Estaba perdiendo lo más valioso, algo que tenía justo a mi lado. Aunque estábamos físicamente juntos, no estábamos compartiendo tiempo de calidad. Decidí cambiar eso y hacer un experimento.

Para eso, limité mi tiempo en redes a 15 minutos al día, dejé de publicar momentos «perfectos», comencé a invertir en relaciones reales y aprendí a disfrutar sin publicar. Los resultados fueron transformadores: mis conversaciones se volvieron más profundas, redescubrí el placer de las conexiones reales, mi ansiedad disminuyó y mis relaciones mejoraron.

### La ecuación de la conexión real vs. virtual
• Un abrazo real > 1000 likes.
• Una conversación profunda > 100 comentarios.
• Una risa compartida > 50 emojis.
• Un amigo verdadero > 10.000 seguidores.

¡Los resultados fueron transformadores! Después de un tiempo, mis conversaciones se volvieron más profundas, redescubrí el placer de las conexiones reales, mi ansiedad disminuyó y mis relaciones cercanas mejoraron.

Toma tu teléfono ahora mismo y revisa tus últimas publicaciones. Luego pregúntate: ¿qué buscabas realmente con cada una de ellas? ¿Cuántos momentos reales has perdido por buscar el «momento perfecto» para compartir? ¿Quiénes son las personas que realmente estarían ahí para ti en un momento difícil? ¿Cuánto tiempo dedicas a cultivar relaciones virtuales vs. relaciones reales?

Recuerda que la vida real no necesita filtros y que las conexiones verdaderas no se miden en 'me gusta'.

### Tu sexto recurso invaluable: tu pasado: un recurso para crear

Quizás has dicho frases como «si tan solo... », «mis padres no hicieron... », «me subestimaron... » o «mi pareja me arruinó la vida». Estas expresiones son señales de que estás cediendo tu poder y que estás atado a historias del pasado que limitan tu presente y tu futuro. Pero, ¿qué pasaría si dejaras de repetir esas historias cargadas de emoción? ¿Qué podrías lograr si vieras tu pasado como una fuente de fuerza en lugar de una carga?

NUESTROS HIJOS PIENSAN QUE LA MAYORÍA DE SUS PROBLEMAS SE ORIGINAN EN LA EDUCACIÓN QUE LES DIMOS, Y SUS ÉXITOS EN SU PROPIA CAPACIDAD... ¡QUÉ FRUSTRACIÓN!

### Reescribe tu historia

Tu vida es un libro donde eres tanto el autor como el protagonista. Aunque no puedes cambiar los hechos del pasado, puedes reinterpretarlos. Incluso en los momentos más difíciles hay lecciones y fortalezas que puedes transformar en impulso para construir la vida que deseas.

El primer paso es liberarte del rol de víctima. En Los cuatro acuerdos de don Miguel Ruiz, uno de los principios clave es: «no te tomes nada personalmente». Este acuerdo te invita a dejar de verte como una víctima y a asumir el control de cómo reaccionas frente a las acciones de los demás. La clave está en entender que, aunque no eres responsable de lo que otros hicieron, sí eres responsable de cómo eliges interpretarlo y actuar frente a ello.

¿Conoces a alguien que siempre se ve como una víctima? Expresiones como «me hicieron», «no me dijeron» o «me engañaron» son comunes en estas personas, pero esta mentalidad las mantiene atrapadas y lejos de la felicidad. Con esto en mente, piensa en cuántas de tus historias están teñidas de victimismo. Reescribirlas no significa ignorar el pasado, sino elegir interpretarlo de una manera que te empodere. Adoptar esta perspectiva transformadora es el primer paso para convertirte en el protagonista activo de tu vida. ¡Empieza hoy!

✐ ¿Qué historia del pasado estás repitiendo que podría reinterpretarse para darte fuerza y libertad?

✐ ¿Qué historia me estoy contando que cuento y cuento una y otra vez que justifica mi situación actual y me mantiene en una trampa? Una vez identificada esta historia, ¿qué pequeño paso podrías dar hoy para comenzar a reescribirla?

### De víctima a protagonista: mi historia de divorcio

«Mis padres se divorciaron cuando tenía ocho años. Fue devastador. Me sentí abandonado. Nunca tuve el apoyo que mis amigos tenían. Esta experiencia ha influido en muchos de mis problemas actuales».

Esta historia, no obstante, tiene una transformación. Esta es la versión del protagonista que descubrió su fortaleza en la adversidad: «sí, mis padres se divorciaron cuando era pequeño. Fue difícil, pero me rodeé de figuras que me apoyaron. Mis tías y abuela se convirtieron en mi red y crecer con ellas fue una experiencia maravillosa. Aprendí a valorarme y a fortalecerme.

**125**

Esa experiencia me enseñó resiliencia y me preparó para desafíos futuros».

 🖉 Ahora, pensando en ti, ¿de qué manera has contribuido a mantener una visión negativa de tu pasado? ¿Qué lecciones de valor puedes extraer de una experiencia específica? ¿Cómo podrías reinterpretarla de una manera más constructiva?

### Historia de víctima: el socio que me arruinó

«Invertí todo en un negocio con un amigo, pero él me traicionó. Perdí mi casa, quedé endeudado y él me dejó sin nada. Ahora va diciendo que yo fui el problema».

Con el cambio de perspectiva, la historia queda como una lección valiosa de negocios: «sabía que mi socio no era el más organizado, pero ignoré esas señales. No establecí los límites adecuados. Aunque la negociación final fue injusta, aprendí valiosas lecciones sobre control financiero y las relaciones de negocios. Hoy manejo mis propias empresas con más éxito y menos estrés».

 🖉 ¿Qué señales ignoré conscientemente sobre esa situación, y cómo puedo aplicar esa lección para tomar mejores decisiones en el futuro? Identifica una situación actual donde puedas aplicar esta lección. ¿Qué señales deberías estar observando más de cerca?

### Historia de víctima: estoy condenado a ser pobre

«He estado en el mismo trabajo durante años, mi sueldo es insuficiente, apenas puedo mantener a mi familia y no hay

oportunidades para avanzar en mi campo, así que estoy atrapado».

La historia, contada desde el punto de vista del protagonista, nos permite ver cómo asumió el control de su progreso: «he permanecido en este trabajo por comodidad, pero no he buscado otras oportunidades ni me he actualizado profesionalmente. Reconozco que el estancamiento es una elección, y si quiero mejorar mi situación, eso depende de mí. Hoy decido actuar y avanzar hacia mis metas».

 Elige una de tus historias y reconoce qué oportunidades que te han ayudado a mejorar tu vida descubriste a partir de esa situación. Luego escribe 5 razones de por qué eso fue de lo mejor que te ha pasado.

Recuerda que asumir la responsabilidad no se trata de culparnos por el pasado ni de negar que lo que fue difícil o injusto lo fue, sino de recuperar nuestro poder para cambiar el futuro. Cada decisión y acción nos ha traído hasta aquí, pero lo más importante es que tenemos el poder de escribir el próximo capítulo.

### De víctima a constructor

Ser víctima, en términos psicológicos, no se refiere a haber sufrido un daño real, sino a adoptar una actitud mental en la que nos vemos impotentes ante las circunstancias, incapaces de cambiar nuestra situación, dejando de enfocarnos en lo que podemos hacer y justificando nuestra pasividad al culpar a otros o a las circunstancias.

Salir del patrón de víctima puede no ser fácil, pero te propongo un reto para que te animes a intentarlo. Cambia de narrativa durante una semana. Para eso, cada vez que te sorprendas quejándote, párate en seco y pregúntate: «¿cómo puedo ver esta situación de una manera en la que reconozca y utilice mi poder para hacer cambios en mi actitud o en las circunstancias?». Luego escribe una versión alternativa de la historia en donde tú seas el protagonista activo, no la víctima pasiva.

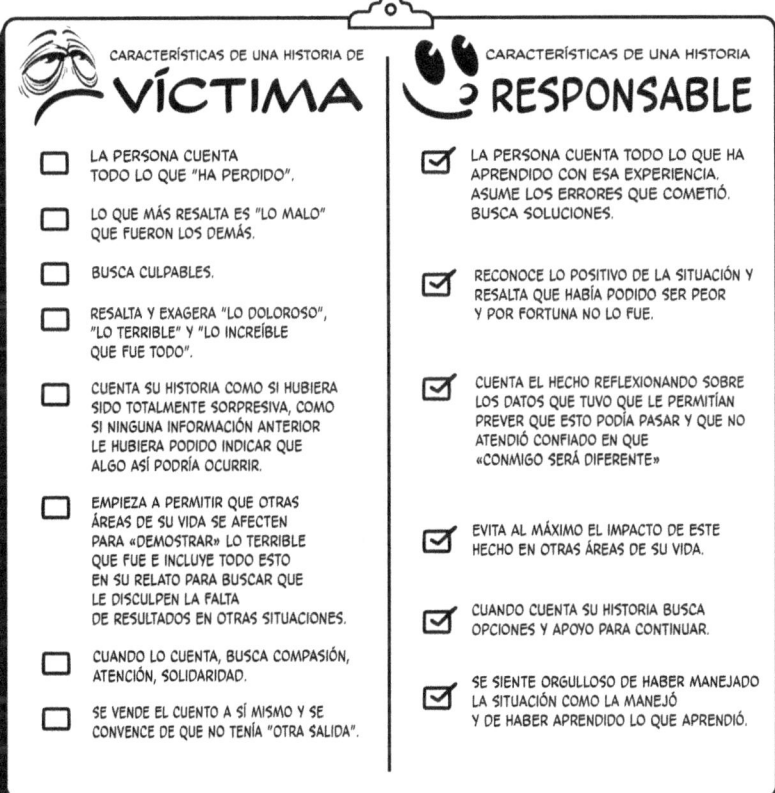

CARACTERÍSTICAS DE UNA HISTORIA DE

# VÍCTIMA

☐ LA PERSONA CUENTA TODO LO QUE "HA PERDIDO".

☐ LO QUE MÁS RESALTA ES "LO MALO" QUE FUERON LOS DEMÁS.

☐ BUSCA CULPABLES.

☐ RESALTA Y EXAGERA "LO DOLOROSO", "LO TERRIBLE" Y "LO INCREÍBLE QUE FUE TODO".

☐ CUENTA SU HISTORIA COMO SI HUBIERA SIDO TOTALMENTE SORPRESIVA, COMO SI NINGUNA INFORMACIÓN ANTERIOR LE HUBIERA PODIDO INDICAR QUE ALGO ASÍ PODRÍA OCURRIR.

☐ EMPIEZA A PERMITIR QUE OTRAS ÁREAS DE SU VIDA SE AFECTEN PARA «DEMOSTRAR» LO TERRIBLE QUE FUE E INCLUYE TODO ESTO EN SU RELATO PARA BUSCAR QUE LE DISCULPEN LA FALTA DE RESULTADOS EN OTRAS SITUACIONES.

☐ CUANDO LO CUENTA, BUSCA COMPASIÓN, ATENCIÓN, SOLIDARIDAD.

☐ SE VENDE EL CUENTO A SÍ MISMO Y SE CONVENCE DE QUE NO TENÍA "OTRA SALIDA".

CARACTERÍSTICAS DE UNA HISTORIA

# RESPONSABLE

☑ LA PERSONA CUENTA TODO LO QUE HA APRENDIDO CON ESA EXPERIENCIA. ASUME LOS ERRORES QUE COMETIÓ. BUSCA SOLUCIONES.

☑ RECONOCE LO POSITIVO DE LA SITUACIÓN Y RESALTA QUE HABÍA PODIDO SER PEOR Y POR FORTUNA NO LO FUE.

☑ CUENTA EL HECHO REFLEXIONANDO SOBRE LOS DATOS QUE TUVO QUE LE PERMITÍAN PREVER QUE ESTO PODÍA PASAR Y QUE NO ATENDIÓ CONFIADO EN QUE «CONMIGO SERÁ DIFERENTE»

☑ EVITA AL MÁXIMO EL IMPACTO DE ESTE HECHO EN OTRAS ÁREAS DE SU VIDA.

☑ CUANDO CUENTA SU HISTORIA BUSCA OPCIONES Y APOYO PARA CONTINUAR.

☑ SE SIENTE ORGULLOSO DE HABER MANEJADO LA SITUACIÓN COMO LA MANEJÓ Y DE HABER APRENDIDO LO QUE APRENDIÓ.

🖊 ¿Qué precios estás pagando en tu credibilidad, en la pérdida de oportunidades o en mantenerte en emociones negativas al culpar a las circunstancias externas o a otras personas de tu situación actual? Identifica una situación específica donde has culpado a otros y piensa qué beneficio obtendrías al asumir la responsabilidad en ese caso.

Las personas que admiramos, aquellas que inspiran y dejan una huella, no son las que se pasan la vida quejándose. Son las que, frente a la adversidad, deciden actuar por pequeño que sea el paso. Es esa actitud la que te llevará a ser el protagonista de tu vida.

**129**

¿Qué harás hoy para reclamar tu poder y comenzar a escribir una nueva historia de tu vida? Como lo dijo Viktor Frankl, sobreviviente del Holocausto: «todo le puede ser arrebatado a un hombre, excepto una cosa: la última de las libertades humanas, es decir, la elección de la actitud personal ante un conjunto de circunstancias para decidir su propio camino».

**Nota:** El cuadro puedes usarlo para evaluar historias importantes de tu pasado o la historia de por qué llegaste tarde a la cita hoy o no cumpliste un compromiso. Las preguntas tienen el objetivo de ayudarte a reflexionar sobre cómo te cuentas tus historias en tu cabeza o se las cuentas a otros. Recuerda que cuando lo haces como víctima, pierdes poder, credibilidad, no avanzas y te llenas de resentimientos que maltratan tus relaciones y te haces la vida más difícil.

### Tu séptimo recurso invaluable: el poder de cambiar tu actitud

Recuerdas un momento en que saliste de tu trabajo después de un día difícil, sentías el cansancio en tu cuerpo, estabas de malgenio, no tenías ganas de nada ni de nadie y de pronto recibes la llamada o visita de ese ser muy querido a quien hacía mucho tiempo no veías. O estás que estrangulas a todos en tu trabajo y de pronto entra tu jefe máximo a invitarte a almorzar. ¿Qué pasa entonces con tu mal genio , tu rabia, tu defectividad? Tú puedes cambiar en un segundo tu actitud y lo has hecho quizás cientos de veces en tu vida. Tal vez piensas que necesitas una razón externa, un motivo, cuando en realidad el único motivo es que tú decidas cambiar tu actitud.

Durante años me decían en mi familia que yo era de muy mal genio y complicado, después aprendí que yo no era de mal genio y complicado que yo elegía esas actitudes, y aunque a corto plazo me salía con la mía, a largo plazo me hacía la vida más difícil, la gente se resentía conmigo, se alejaban y después me tocaba buscar cómo reparar mis relaciones.

El mal genio, la resistencia al cambio, la envidia, la arrogancia, el resentimiento, el perfeccionismo extremo, la quejadera, no reconocer los errores, la antipatía, el victimismo y la pereza, no son defectos, son actitudes negativas que se aprenden, todos caemos o hemos caído en ellas, pero no son defectos, son actitudes que se pueden convertir en hábitos o aun en adicciones emocionales.

¿Te imaginas al bebé recién nacido en los brazos de la madre agotada por el parto y el doctor diciéndole «señora, este niño le salió envidioso o resentido»?

El siguiente cuadro te ayudará a identificar tus actitudes negativas más frecuentes, pero son apenas ejemplos, si la tuya no está, aplica las mismas preguntas. Le puedes preguntar a tus cercanos. IMPORTANTE: ¡Muchas veces podemos asumir una actitud negativa sin decir una palabra, pero el otro o los otros lo sienten y tú también!

Descubre más recursos valiosos
misrecursos.org

| MI ACTITUD NEGATIVA | CALIFICA DE 1 A 10 | PRECIOS QUE HE PAGADO *E J E M P L O S* | ¿CON QUIÉN LA MANIFIESTO? *E J E M P L O S* |
|---|---|---|---|
| ☞ Resistencia al cambio | | ☞ Oportunidades perdidas, estancamiento. | ☞ En el trabajo, con mi pareja. |
| ☞ Mal genio | | ☞ Ruptura de relaciones, conflictos. | ☞ Con mi familia, compañeros. |
| ☞ Arrogancia | | ☞ Aislamiento, rechazo a retroalimentación. | ☞ Con amigos, en el trabajo. |
| ☞ Envidia | | ☞ Insatisfacción personal, rivalidades. | ☞ Con colegas, en redes sociales. |
| ☞ Pesimismo | | ☞ Falta de motivación, relaciones tensas. | ☞ Conmigo mismo, en proyectos. |
| ☞ Perfeccionismo | | ☞ Estrés, retrasos en tareas. | ☞ Conmigo mismo, en el trabajo. |
| ☞ Victimismo | | ☞ Falta de acción, dependencia emocional. | ☞ Con amigos, familia. |
| ☞ Antipatía | | ☞ Relaciones tensas, aislamiento. | ☞ Con compañeros de equipo. |
| ☞ Quejadera | | ☞ Alejar a los demás, energía negativa. | ☞ En reuniones, en casa. |
| ☞ Resentimiento | | ☞ Amargura, relaciones rotas. | ☞ Con pareja, familiares. |

Este cuadro te da la posibilidad de reflexionar sobre algunos ejemplos de actitudes negativas y las consecuencias para tu vida.

**Nota:** Las calificaciones son solo puntos de referencia para reflexionar, no instrucciones definitivas. Cada aspecto y momento tienen un contexto único que puede influir en los resultados.

La sabiduría no siempre está dentro de nosotros; a veces, está esperando que la busquemos en las personas que admiramos. Atrévete a escuchar, reflexionar y actuar: tus mejores respuestas pueden venir de una conversación sincera.

### ¿Qué hacer?

Lo más importante es que decidas estar consciente de los aspectos que quieres mejorar, para responder de una manera diferente. Recordar los precios que pagas cuando eliges esa actitud. Como, por ejemplo, tener más paciencia o compasión con la otra persona, escuchar con empatía, conectarte con tu gratitud y afecto por el otro y recordar lo que has hecho cuando has tenido la respuesta emocional que quieres que represente la persona que quieres ser.

Este recurso te ha ayudado y te podrá ayudar a convertir problemas en oportunidades y a disfrutar aún en momentos difíciles.

🖊 ¿En más de una ocasión, con tu cambio de actitud has transformado un problema en una oportunidad? Este recurso te ha ayudado y te podrá ayudar a convertir problemas en oportunidades y a disfrutar la vida aún en momentos difíciles.

Es fácil olvidar que muchas veces, en los momentos difíciles, hemos tenido la capacidad de darle la vuelta a la situación al cambiar nuestra manera de enfrentarla. Viktor Frankl, psiquiatra y sobreviviente de los campos de concentración nazis, lo vivió en primera persona. En un entorno en donde todo parecía estar fuera de su control, Frankl decidió que su actitud era lo único que nadie podía arrebatarle. Eligió ver su sufrimiento como una oportunidad para encontrar un propósito, lo que lo mantuvo vivo y fuerte. Su ejemplo le salvó la vida de muchas personas. Él lo describe de una manera conmovedora en su libro *El hombre en busca de sentido*, que te recomiendo mucho.

Aquí te presento 5 ejemplos concretos y poderosos sobre lo valioso que es cambiar la actitud:

**Enfrentar el rechazo laboral.** Has sido rechazado para un trabajo que deseabas, pero, en lugar de desanimarte, decides ver esto como una oportunidad para mejorar tu currículum y habilidades. Este cambio de actitud te lleva a obtener una posición aún mejor, una que nunca habrías considerado si te hubieras quedado en la frustración inicial.

✏ Recuerda una situación en este aspecto en la que cambiaste tu actitud. ¿Qué beneficios te trajo? ¿Cómo podrías aplicar lo mismo a un desafío actual en tu trabajo?

**Conflictos en relaciones personales:**
Después de una discusión con un ser querido, en vez de aferrarte al resentimiento, eliges cambiar tu actitud y ver el conflicto como una oportunidad para mejorar la comunicación y profundizar en la relación. Esta nueva perspectiva te lleva a resolver problemas y fortalecer la conexión emocional.

 ✐ ¿Recuerdas una situación en este aspecto en la que cambiaste tu actitud y qué beneficios te trajo? ¿Cómo podrías aplicar lo mismo a un desafío actual en una relación?

**Fracaso en un proyecto.** Un proyecto personal o profesional fracasa y, en lugar de verlo como una pérdida total, decides analizar los errores como lecciones valiosas. Este cambio de actitud te ayuda a afinar tus habilidades y aplicar esos aprendizajes en futuros proyectos que luego tienen éxito.

✐ ¿Recuerdas una situación en este aspecto en la que cambiaste tu actitud y qué beneficios te trajo? ¿Cómo podrías aplicar lo mismo a un desafío actual en un proyecto o plan de tu vida?

**Dificultades financieras.**
Enfrentar una crisis económica puede ser devastador, pero optas por cambiar tu enfoque. En lugar de centrarte en lo que has perdido, decides revisar tus hábitos financieros, reducir gastos innecesarios y buscar nuevas fuentes de ingresos. Este cambio de actitud te lleva a una mayor estabilidad financiera a largo plazo.

 🖊 ¿Recuerdas una situación en este aspecto en la que cambiaste tu actitud y que beneficios te trajo? ¿Cómo podrías aplicar lo mismo a un desafío actual con tus finanzas personales o de tu negocio?

**Enfermedad o problemas de salud.**

Cuando una enfermedad o problema de salud afecta tu vida, en lugar de centrarte en la pérdida, eliges cambiar tu actitud y usar este desafío como una oportunidad para cuidarte mejor, adoptar hábitos saludables y apreciar más el presente. Al final, descubres que te has vuelto más fuerte y consciente de tu bienestar físico y mental.

 🖊 ¿Recuerdas una situación en este aspecto en la que cambiaste tu actitud y qué beneficios te trajo? ¿Cómo podrías aplicar lo mismo a un desafío actual con tu salud o el cuidado de tu cuerpo?

*Conoce en mi canal de YouTube la historia de Alejandra, una emprendedora de 32 años,* | *EPISODIO 401* que decidió cambiar su actitud y comenzó su empresa de confección de uniformes médicos; dio el paso de moverse para Italia en donde, superando miedos y enfocada en cada momento en cuidar de su actitud y de sus emociones logró una gran transformación de su vida. Alejandra ha transformado sus miedos en oportunidades, su caso destaca la importancia de educarse, mantenerse disciplinado y no abandonar lo que le ha llevado al éxito.

### *La historia de Sofía: una vida atrapada por excusas*

Sofía se casó joven y, a los pocos meses, quedó embarazada. Su esposo, contador en una empresa local, comenzó a salir con amigos cada fin de semana, gastándose su salario en fiestas mientras ella cuidaba de su hijo y gestionaba su carrera bancaria. Con el tiempo, se sentía cada vez más atrapada, culpándose por su situación.

–Quizás no soy una buena esposa... –se repetía una y otra vez.

Durante años, Sofía se acercó a mí, desesperada, buscando consejos y consuelo, pero nada cambiaba. Progresó en su trabajo, compró una casa y crio a su hijo casi sola, pero seguía atrapada en la misma narrativa: su matrimonio era la fuente de su sufrimiento y ella no podía hacer nada al respecto. Hasta que un día, tras años de repetir la misma historia, le dije algo diferente.

–¿Qué historia te estás contando que te mantiene en una situación que te hace daño? ¿Cómo podrías reescribir esta historia de una manera que te empodere para actuar?

Sofía finalmente entendió algo importante: no era su esposo quien la tenía atrapada, sino que ella se había quedado en esa situación por elegir no actuar.

Le dije:

–Tú eres la que elige seguir viviendo así todos los días.

Ese fue el catalizador que necesitaba para cambiar. No podía seguir culpando a su esposo por algo que ya sabía. ¡El poder estaba en sus manos!

Finalmente, tomó la decisión más difícil: dejar a su esposo. Aunque el miedo la invadía, cada paso que daba la acercaba más a la libertad. Cuando miró por el retrovisor al dejar su casa, supo que, por primera vez en años, estaba eligiendo su propio camino.

 🖊 Ejercicio del espejo de la verdad. Durante la próxima semana:

1. Cada vez que te encuentres quejándote de una situación, escríbelo.

2. Pregúntate: ¿Qué estoy haciendo para crear o mantener esta situación?

3. Anota una acción concreta que podrías tomar para cambiarla.

4. Todo empieza con pasos pequeños, mantén la constancia.

### El alto costo de la inacción

A menudo nos decimos que no podemos cambiar nuestra situación porque tenemos demasiado en juego: una casa, un trabajo o incluso la percepción de estabilidad.

Las primeras preguntas que podrías hacerte son «¿he hecho lo necesario para mejorar mi situación en ese aspecto? ¿Les he pedido consejos a personas que han superado situaciones similares a la mía? ¿Los precios que estoy pagando me están ayudando a crear un futuro mejor?».

En psicología, esto se conoce como el «sesgo del costo hundido», es decir, seguir invirtiendo en algo, pues ya hemos invertido mucho, incluso cuando nos está causando más daño.

 🖊 ¿Qué excusa estás usando para no tomar la decisión que necesitas tomar? Una vez identificada la excusa, ¿qué pequeño paso podrías dar hoy para superarla?

🖊 Ahora imagínate que decidieras empezar de cero. ¿Qué posibilidades se abrirían para ti?

### La transformación de Sofía

Sofía tomó una decisión valiente y su vida cambió radicalmente. Años después, me confesó:

–No fue fácil, pero cada paso me llevó a una vida que jamás pensé que sería posible.

Dejó de sentirse víctima de sus circunstancias y eligió ser protagonista de su historia.

 🖊 ¿Qué decisión has estado posponiendo que, si la tomaras hoy, cambiaría completamente tu vida? ¿Cuál sería el primer paso concreto que darías si tomaras esa decisión hoy mismo?

Recuerda que, como dijo la psicóloga Susan David: «el coraje no es la ausencia de miedo. El coraje es el miedo caminando». Atrévete a cruzar esa puerta abierta y dejar atrás las excusas que te han mantenido en una trampa.

Ya lo has hecho antes. Tal vez enfrentaste una situación en el trabajo donde todo parecía estar en tu contra. Cambiaste tu actitud, decidiste dejar de ver el obstáculo como una barrera insuperable y lo viste como una oportunidad para mejorar, aprender o demostrar tus capacidades, tal como lo hizo Frankl en circunstancias mucho más extremas.

🖊 ¿Qué problema reciente lograste superar cambiando tu actitud? Si tu actitud fuera un interruptor de luz, ¿qué habitación oscura de tu vida iluminaste recientemente? ¿Qué otras áreas de tu vida podrían beneficiarse hoy de este interruptor mágico?

***Johana, abogada recién graduada y madre de dos hijos pequeños, quedó viuda a los 23 años, | EPISODIO 364*** CANAL YouTube
CARLOS DEVIS
enfrentando enormes desafíos económicos. En lugar de rendirse, transformó esa crisis en una oportunidad para reinventarse y salir adelante.

En este episodio, Johana nos inspira con su historia, recordándonos que incluso en los momentos más difíciles es posible convertir los problemas en oportunidades para triunfar.

### Tu octavo recurso invaluable: la posibilidad de transformar tus pensamientos y emociones

Imagina por un momento que tu mente es un teatro. Las luces se atenúan, el telón se levanta y de repente estás de vuelta en la cocina de tu infancia. El aroma del café recién hecho llena el aire y las voces familiares resuenan a tu alrededor. ¿Qué escuchas?

Para mí, esas voces son un coro de recuerdos de las frías noches bogotanas, con mi familia reunida alrededor de la mesa, compartiendo historias, risas y, sin saberlo, moldeando mi futuro con cada palabra pronunciada.

–Carlos discute por todo. Parece abogado –decían entre risas.
–Haga negocios, que ahí está la plata –aconsejaba mi padre.
–Sin palancas es imposible ser rico en este país –murmuraba un tío.

🖉 ¿Qué guion invisible estás siguiendo en tu vida? Identifica una creencia o patrón de comportamiento que hayas adoptado de tu entorno y piensa en cómo podrías «reescribir» esa parte del guion de una manera que se alinee más con tus valores actuales.

**140**

Jaime, el amigo escritor de mis padres, me alentaba sobre mi habilidad para escribir:

—Carlos, usted es un gran lector.

Esto plantó una semilla que, con el tiempo y el esfuerzo, floreció en una pasión duradera. Por otro lado, las palabras hirientes de mi tío, que decía:

—Carlos, usted no sirve para nada... No se da cuenta.

O el juicio apresurado de mi profesor de Física, que aseguraba:

—Devis, usted sí es bruto. De verdad, reconózcalo.

Ese tipo de situaciones sembraron dudas que tardé años en desarraigar.

 ✐ ¿Qué voz del pasado necesitas silenciar? ¿Qué frase positiva podrías usar para contrarrestar cada vez que la escuches? ¿Cuál voz de tu pasado necesitas amplificar?

Las palabras se convierten en pensamientos y los pensamientos en emociones, y antes de darnos cuenta, estamos viviendo un guion que no escribimos conscientemente. Es como aquel que constantemente lucha con problemas financieros porque cree que «el dinero es difícil de conseguir» o quien ve conflictos por todos lados porque «la gente es muy difícil».

 ✐ Cuando alcanzaste logros de los que sentiste orgullo y que pensaste que no eran posibles, ¿qué te dijiste? ¿Qué papel asumiste? ¿El de víctima o el de alguien que logra lo que quiere?

🖊 Ahora, si pudieras reescribir tu guion interno en un área de tu vida que quieras mejorar, ¿cuál sería tu nuevo papel? ¿Cómo cambiaría tu vida?

### *¿Cómo creaste el guion que ha marcado tu vida y cómo mejorarlo?*

Cuando somos bebés, nuestra existencia es un ensayo constante: lloramos cuando necesitamos algo, exploramos nuestros movimientos al gatear, intentamos dar pasos, caemos y volvemos a intentarlo una y otra vez. Al comenzar a hablar, lanzamos preguntas al mundo sin miedo al juicio, sin noción de lo que «se puede» o lo que es «correcto». Todo es descubrir, ensayar y aprender.

Con el tiempo, los adultos a nuestro alrededor comienzan a moldear nuestra realidad. Nos explican qué es peligroso, qué es divertido, qué está bien y qué está mal. Sin darnos cuenta, empezamos a imitar sus palabras, sus acciones y sus creencias. Así, nuestro guion de vida comienza a escribirse con lo que otros nos transmiten: lo que ellos consideran posible, valioso o temible.

### *¿Quiénes fueron las personas más influyentes en tu infancia y adolescencia?*

Tal vez fue tu madre, tu padre, tus abuelos, una tía, un maestro o incluso una nana. Estas personas no solo te cuidaron; también te enseñaron a ver el mundo. Te dijeron, explícita o implícitamente, qué esperar de ti y de los demás.

***Si un área o aspecto de tu vida no está funcionando como quisieras, detente y pregúntate:***

- ¿A quién estás imitando o quién en tu pasado lo hacía igual?
- ¿Qué decía esa persona acerca de ese tema?
- ¿Qué te dices tú ahora acerca de eso?

Reconoce que no tienes un defecto ni eres así por naturaleza. Lo que has aprendido es una creencia, un pensamiento, un patrón o una forma de hacer las cosas. Si identificas esa creencia y decides trabajarla, puedes cambiarla, como has cambiado muchas otras.

Recuerda que puedes imitar la creencia o la acción, o puedes hacer exactamente lo contrario por rebeldía, lo importante es que reconozcas la creencia y decidas si te gusta o no.

***Identifica un problema recurrente en tu vida.***

Ahora piensa en un área de tu vida donde experimentas un problema constante, como **la escasez de dinero o los conflictos en tu relación de pareja.** Reflexiona sobre el origen de ese problema, las creencias asociadas a él y cómo estás actuando al respecto. Usa el cuadro a continuación como herramienta para explorar y transformar esa situación. El concepto de este cuadro, basado en la identificación de creencias, fue tomado de Luis Ángel Díaz, creador del proceso de liberación de memoria celular (CMR). Este ejemplo explora cómo las creencias y patrones aprendidos de figuras influyentes pueden afectar nuestra forma de relacionarnos.

 **LO QUE APRENDÍ**

# SOBRE EL DINERO

| FIGURA INFLUYENTE *EJEMPLOS* | LO QUE DECÍA *EJEMPLOS* | LO QUE HACÍA *EJEMPLOS* | LO QUE YO DIGO Y HAGO *EJEMPLOS* |
|---|---|---|---|
| ☞ Mamá. | El dinero no es importante. | Gastaba sin planificación. | Mantengo desorden financiero. |
| ☞ Papá. | Todos los ricos son corruptos. | Desconfiaba y no hacía negocios. | Evito riesgos financieros. |
| ☞ Papá Rico. | Ahorra e invierte. | Hacía negocios y reinvertía. | Hago negocios e invierto bien. |

**LO QUE APRENDÍ**

# SOBRE LAS RELACIONES

| FIGURA INFLUYENTE *EJEMPLOS* | LO QUE DECÍA *EJEMPLOS* | LO QUE HACÍA *EJEMPLOS* | LO QUE YO DIGO Y HAGO *EJEMPLOS* |
|---|---|---|---|
| ☞ Mamá. | No confíes en los hombres. | Era celosa y sufría mucho. | Desconfío de mi pareja sin motivos claros. |
| ☞ Papá. | No muestres tus emociones. | Evitaba hablar o mostrar sentimientos. | Me cuesta expresar cómo me siento. |
| ☞ Abuela. | El que quiere, puede. | Contenta luchaba por lo que quería. | Me pongo metas y las cumplo. |

**LO QUE APRENDÍ**

# Y HE CAMBIADO

| FIGURA INFLUYENTE *EJEMPLOS* | LO QUE DECÍA *EJEMPLOS* | LO QUE HACÍA *EJEMPLOS* | LO QUE YO DIGO Y HAGO *EJEMPLOS* |
|---|---|---|---|
| ☞ Mamá. | Lo que engorda, sabe mejor. | Descuidaba su salud. | Valoro mi cuerpo y lo cuido. |
| ☞ Papá. | El dinero es mi mayor problema. | Sufría siempre por el dinero. | Ahorro, invierto y disfruto. |
| ☞ Abuela. | Una buena mujer se sacrifica. | Descuidaba sus propias necesidades. | Priorizo mi bienestar y establezco límites. |
| ☞ Tercera Figura. | Están con o contra uno. | Reaccionaba defensivamente. | Veo el desacuerdo como aprendizaje. |

**Reflexión personal Identifica las creencias limitantes**
• Mamá: «los hombres nunca son confiables».
• Papá: «mostrar emociones es debilidad».
• Abuela: «el amor es sacrificio».

### Una introducción inspiradora al poder transformador de *El trabajo*, de Byron Katie

Imagínate por un momento que tienes en tus manos una llave capaz de abrir la puerta a la paz, incluso en medio de los pensamientos más dolorosos. Esa llave es el sistema de las 4 preguntas de Byron Katie, un proceso que no solo te invita a cuestionar tus pensamientos, sino que transforma completamente cómo experimentas la vida.

Todos hemos vivido momentos donde creemos firmemente en algo que nos limita: «No soy suficiente», «nunca puedo confiar en nadie», «mi pareja debería ser diferente». Estas creencias parecen tan reales que dictan nuestras emociones, decisiones y relaciones. Nos sentimos atrapados, como si no hubiera otra manera de ver la situación. Pero ¿y si te dijera que no es la situación la que te hace sufrir, sino el pensamiento que tienes sobre ella? ¿Y si pudieras soltar esa carga mental y vivir con libertad?

Aquí hay algo profundamente liberador que puedes descubrir a través de este proceso: ***«Yo no soy mi pensamiento; soy quien lo crea».*** Los pensamientos van y vienen, aparecen sin que los invites y, muchas veces, te aferras a ellos como si definieran quién eres. Pero en realidad, tienes el poder de observarlos, cuestionarlos y elegir soltarlos. Cuando reconoces esto, dejas de ser una víctima de lo que piensas y comienzas a vivir desde un lugar de conciencia y elección.

*ESTOY CONFUNDIDO,*
*NO SÉ QUÉ HACER:*
*ELIJO LO QUE ALIVIA*
*MI DOLOR O PRESIÓN...*

**...AUNQUE LA SOLUCIÓN**
**SEA MOMENTÁNEA.**

*ESTOY CONFUNDIDO
ELIJO LO QUE ME
ACERCA A MIS VALORES
Y A LO QUE QUIERO SER...*

**...AUNQUE ME CUESTE.**

Byron Katie, autora de *Amar lo que es*, afirma que «no sufrimos por lo que pasa, sino por nuestros pensamientos sobre lo que pasa». Su método, similar a la Terapia Cognitivo-Conductual (TCC), ayuda a desafiar y reformular pensamientos limitantes.

La TCC y el enfoque de Katie comparten la idea de que nuestros pensamientos automáticos son la raíz del sufrimiento y que al cuestionarlos podemos mejorar nuestro bienestar. Katie propone un método simple, pero poderoso: identifica una creencia limitante y responde cuatro preguntas clave para transformarla. Es una herramienta efectiva que he aplicado personalmente y con éxito en muchos estudiantes.

1. ¿Es esto verdad?
2. ¿Puedo estar absolutamente seguro de que es verdad?
3. ¿Cómo reacciono cuando creo en este pensamiento?
4. ¿Quién sería yo sin este pensamiento?

**Un ejemplo de cómo transformar tus pensamientos**
Tomemos una creencia limitante común: mi pareja debería ser más cariñosa.

Es un pensamiento que puede parecer inofensivo, pero al sostenerlo, ¿cómo te afecta? Te sientes frustrado, incomprendido, y tal vez incluso distanciado de la persona que amas. Pero ¿es cierto? Y si no lo fuera, ¿qué pasaría?

**Las 4 preguntas en acción:**

**1. ¿Es cierto?**
¿Es absolutamente cierto que tu pareja "debería" ser más cariñosa? ¿Qué significa "cariñosa" para ti?

**2. ¿Puedes saber con absoluta certeza que eso es cierto?**
Tal vez no. Tal vez tu pareja muestra su amor de otras maneras que no estás viendo.

**3. ¿Cómo reaccionas, qué sientes, cuando crees ese pensamiento?**
Me siento rechazada, pienso que no soy lo suficientemente buena, y comienzo a alejarme emocionalmente.

**4. ¿Quién serías sin ese pensamiento?**
Sería más abierta y receptiva, vería las acciones de mi pareja con gratitud, y me sentiría conectada en lugar de separada.

**La inversión de ese pensamiento: (Para mostrarle a tu mente lo contrario)**

**«Mi pareja no debería ser más cariñosa».**
Quizá ya es cariñosa, pero lo expresa de maneras diferentes a tus expectativas.

**«Yo debería ser más cariñoso conmigo mismo».**
¿Qué ocurre si la necesidad de cariño que buscas fuera está en realidad relacionada con algo que no te das a ti misma?

### Tu vida transformada

El trabajo no te pide que creas en algo nuevo, sino que descubras la verdad que siempre ha estado ahí, escondida tras tus pensamientos limitantes. ¿Cómo sería tu vida si pudieras soltar las creencias que te mantienen atrapado en el sufrimiento? ¿Qué pasaría si pudieras amar la realidad tal como es?

Ejemplo con creencias del cuadro de las creencias que aprendimos de nuestras personas influyentes:

### «Los hombres nunca son confiables»

*Creencia limitante:*

Los hombres nunca son confiables (del ejemplo del cuadro). Esta creencia puede generar patrones de desconfianza y dificultad para construir relaciones sanas.

### Aplicación de las 4 preguntas:

**1. ¿Es cierto?**

¿Es absolutamente cierto que todos los hombres nunca son confiables? ¿Puedes encontrar excepciones?

**2. ¿Puedes saber con absoluta certeza que eso es cierto?**

No, no puedo saberlo con absoluta certeza. Hay hombres en mi vida (amigos, familiares, compañeros) que han demostrado ser confiables en distintos aspectos.

**3. ¿Cómo reaccionas, qué sientes, cuando crees ese pensamiento?**

Me siento ansiosa, siempre estoy buscando señales de deshonestidad. Reviso constantemente lo que hace mi pareja y nunca me siento en paz. Esto afecta nuestra relación y me desconecta emocionalmente.

**4. ¿Quién serías sin ese pensamiento?**

Sería una persona más relajada y abierta. Podría disfrutar de la relación, confiar en mi pareja y no sentirme consumida por la vigilancia constante. Me permitiría estar presente y valorar la conexión que tenemos.

Descubre más recursos valiosos
misrecursos.org

*La inversión:*

• **Los hombres son confiables.**

Busca ejemplos en tu vida para respaldar esta nueva perspectiva:

1. Mi abuelo siempre fue confiable y cumplió con su familia.

2. Mi mejor amigo me ha demostrado lealtad.

3. Mi pareja me ha dado razones para confiar, pero mis expectativas o miedos pueden haber distorsionado mi percepción.

• *Yo no soy confiable conmigo misma.*

Reflexiona: ¿Cuándo he fallado en confiar en mis propias decisiones o intuiciones? Tal vez mi inseguridad personal está proyectándose hacia los demás.

*Ejemplo con otra creencia: «El amor es sacrificio»*

**Creencia limitante:** El amor es sacrificio (del ejemplo del cuadro). Esta creencia puede llevarte a descuidarte, priorizando siempre las necesidades de otros.

*Aplicación de las 4 preguntas:*

*1. ¿Es cierto?*

¿Es absolutamente cierto que el amor debe ser sacrificio? ¿Es eso lo único que define una relación amorosa?

*2. ¿Puedes saber con absoluta certeza que eso es cierto?*

No, hay parejas y relaciones donde el amor no está basado en el sacrificio, sino en el equilibrio, el respeto y el apoyo mutuo.

*3. ¿Cómo reaccionas, qué sientes, cuando crees ese pensamiento?* Me siento agotada, como si siempre tuviera que renunciar a lo que quiero. Me desconecto de mis propias necesidades y empiezo a sentir resentimiento hacia mi pareja.

*4. ¿Quién serías sin ese pensamiento?*

Sería una persona más libre y equilibrada. Me permitiría cuidar de mí misma, expresar mis necesidades y buscar relaciones donde ambos nos apoyemos sin que uno se sacrifique por completo.

*La inversión:*

• *El amor no es sacrificio.*

Busca ejemplos en relaciones donde el amor se expresa de otras maneras:

• Mi mejor amiga y yo tenemos una relación de apoyo mutuo, sin necesidad de sacrificarnos por completo.

• En mi relación actual, hay momentos de equilibrio cuando permito que ambos tengamos espacio para crecer.

• *Yo me sacrifico sin necesidad.*

Reflexiona: ¿Cuándo he elegido sacrificarme sin que nadie lo haya pedido? Tal vez estoy asumiendo un rol que no es necesario ni saludable.

### Reconoce los cambios que has logrado

Muchas veces, al reflexionar sobre nuestras creencias limitantes, olvidamos algo importante: ya hemos cambiado muchas de ellas. A lo largo de tu vida, sin darte cuenta, has cuestionado y dejado atrás pensamientos que un día parecieron incuestionables. Quizás alguna vez creíste algo porque alguien influyente en tu vida lo decía o lo vivía, pero en algún punto algo dentro de ti dijo: Esto no tiene por qué ser mi verdad.

Tal vez aprendiste de niño que no eras bueno en algo, y, sin embargo, con esfuerzo y confianza, probaste lo contrario. Quizás te enseñaron a desconfiar de los demás, pero descubriste que abrirte y confiar te llevó a relaciones más auténticas. Esos cambios son una prueba de tu capacidad de transformación.

Crea una frase motivadora específica que tu 'entrenador interno' podría decirte. ¿Cómo podrías incorporar esa frase en tu rutina diaria?

Esta pregunta te ayuda a evaluar el poder de tu diálogo interno. Al igual que un buen entrenador, ¿cómo podrías usar este diálogo para impulsarte y guiarte hacia el logro de tus metas?

### *Libérate de las cargas emocionales*

A veces cargamos con pensamientos que, al igual que los huéspedes no deseados, se instalan en nuestras mentes y no aportan nada bueno. Te cuento una historia personal para ilustrarlo.

Hace un tiempo, decidí darles alojamiento a dos jóvenes que ni siquiera conocía bien. Eran amigos de unos amigos y necesitaban un lugar donde quedarse por unos días. Desde el momento en que llegaron, no ayudaron en nada. Usaban la cocina sin limpiarla, se comían lo que encontraran sin preguntar y se pasaban el día encerrados en la habitación que les asigné, que era el cuarto de uno de mis hijos. Nuestra casa era pequeña y tenerlos allí no solo nos costaba dinero y comodidad, sino que también generaba tensión con mi esposa y molestias para nuestros hijos.

Durante semanas, mi esposa y yo hablamos de pedirles que se fueran, pero no lo hacíamos. Sentíamos lástima por ellos, pensando que no tenían a dónde ir. Seguimos soportando la situación, quejándonos en silencio, hasta que un día decidimos enfrentarlo con determinación. Les pedimos que se marcharan, y una vez que lo hicimos, la situación mejoró de inmediato. Nunca volvimos a saber de ellos y nuestra casa recuperó la paz.

🖉 Piensa en un evento de tu vida en el que te has sentido en una situación similar, una en la que «permitiste» que ciertas personas se convirtieran en parásitos para tu vida. Basándote en esta lección, ¿qué límite específico necesitas establecer en tu vida actual y cómo planeas hacerlo?

**155**

Pero no es solo en la vida diaria en donde albergamos «huéspedes parásitos». Durante años, permití que mis pensamientos hicieran lo mismo conmigo. Me quedaba atrapado en diálogos imaginarios con mi padre, quien se fue de la casa cuando yo era joven. Me reprochaba a mí mismo, le reprochaba a él y me sumergía en un ciclo interminable de dolor y resentimiento. Estos pensamientos no solo me robaban la paz, sino que también me impedían avanzar.

 ¿Cuáles son esos «huéspedes parásitos» en tu vida? ¿Esos pensamientos recurrentes que te tensionan y te quejas de ellos, pero que no haces nada para solucionarlos?

Cuando te aferras a estos pensamientos, es como ver una película de terror en serie. Cada vez que la reproduces, revives el miedo, la angustia y el dolor. Pero aquí está la verdad: tú tienes el poder de decidir cuándo dejar de ver esa película.

 ¿Qué decisiones has estado posponiendo y cuáles son los pensamientos que te mantienen atrapado en este ciclo de pasividad? ¿Cuál sería el primer paso pequeño que podrías dar hoy para comenzar a abordarlas?

Recuerda que tú tienes el poder de decidir a cuáles les das alojamiento y a cuáles les pides que se marchen. La calidad de tu vida mental depende de las decisiones que tomes momento a momento.

### *Creencias que he cambiado*

Cuando decidí desafiar mi creencia de que era «demasiado viejo» para el mundo digital, pasé de pódcasts de audio a videos de YouTube. En cuatro años, alcancé un millón de suscriptores. La edad era solo un número; mi creencia era la verdadera barrera.

Después de divorciarme tras un matrimonio de 31 años, a los 55 años, tomé malas decisiones financieras y me quedé solo y sin dinero. Pensaba que el éxito y la familia eran cosas del pasado que no volvería a disfrutar. Sin embargo, aplicando lo que te cuento en este libro, encontré a Diana, quien es mi esposa desde hace 15 años. Ella tenía dos hijos que se han convertido en otros hijos para mí y con ellos construí una familia hermosa, además de obtener un gran éxito profesional y financiero que es más de lo que nunca soñé.

Entonces, para hablar de ejemplos concretos:

**1.** Cambié el «soy muy viejo para construir una familia de nuevo» por «tengo muchas cualidades que me ha dado la edad y puedo compartirlas y disfrutar con seres cercanos».

**2.** Cambié el «no soy bueno con la tecnología» por «puedo aprender cualquier habilidad tecnológica que necesite».

**3.** Cambié «el dinero es difícil de ganar» por «hay abundantes oportunidades para crear valor y riqueza».

**4.** Cambié «no soy una persona creativa» por «la creatividad es una habilidad que puedo desarrollar con práctica y constancia». Con esto en mente, entre los 65 y 70 años he publicado 3 libros exitosos.

5. Cambié el «nunca he hecho deporte y no tengo buenas condiciones físicas» por «puedo entrenar y lograrlo». Así es como, a los 69 años, participé en un triatlón.

### Ignorancia creativa: cuando no saber te da ventaja

¿Alguna vez has tratado de enseñarle algo nuevo a alguien que cree que lo sabe todo? Difícil, ¿verdad? Eso se da porque cuando creemos que ya tenemos la verdad, le cerramos la puerta a nuevas ideas y oportunidades. Pero aquí está lo interesante: a veces lo que crees saber es lo que te está frenando.

 Elige una verdad específica con la que te limitas y que quieras desafiar. ¿Qué experimento podrías realizar en la próxima semana para poner a prueba esta creencia?

Nos contamos historias como 'no soy bueno en esto', 'eso nunca funcionará para mí' o 'conseguir pareja es muy difícil'. Pero, ¿y si esas 'verdades' no fueran tan ciertas como creemos? Un hombre llamado Cliff Young, un campesino australiano de 62 años, demostró exactamente esto. En 1983, Cliff participó en una maratón de 800 kilómetros entre Sídney y Melbourne. Los corredores profesionales sabían que debían correr 18 horas y descansar 6, pero Cliff no lo sabía, así que corrió sin parar... y ganó por horas. Su ignorancia fue su ventaja.

 ¿En qué parte de tu vida podrías beneficiarte de «olvidar» lo que crees saber? Te voy a proponer un desafío. Primero identifica una meta que hayas abandonado porque «no es posible».

Luego pregúntate quién te dijo que era imposible y por qué te lo creíste. Ahora investiga si alguien ha logrado algo similar y cómo lo hizo. Por último, escribe tres formas en las que podrías abordar tu meta si la «imposibilidad» no existiera.

A veces necesitamos dejar de lado lo que creemos saber. Cuando olvidamos los límites que nos han impuesto, podemos crear algo extraordinario. Algo que me sirve mucho a mí es usar la técnica del principiante. Para seguirla, solo tienes que pensar en una habilidad en la que te consideres experto. Luego pídele a alguien nuevo en esa área que te expliqué cómo haría cierta tarea. Escucha con atención y reflexiona sobre cómo esa perspectiva fresca podría ayudarte a mejorar.

 🖉 ¿Qué creencias tuyas podrías desafiar hoy para abrirte a nuevas posibilidades? Elige una creencia específica para desafiar. ¿Qué experimento podrías realizar en la próxima semana para ponerla a prueba? Recuerda la sabiduría del zen: «En la mente del principiante hay muchas posibilidades; en la del experto, pocas»."Olvidar lo que crees saber puede ser tu superpoder oculto. Por cjcmplo, Steve Jobs no era ingeniero y Richard Branson no tenía experiencia en aviación cuando lanzó Virgin Airlines. ¿Qué tenían en común? Ninguno de ellos permitió que la «falta de experiencia» limitara su visión. Su ignorancia fue la chispa que encendió su creatividad.

 🖉 ¿Qué podrías lograr si dejaras de lado tus «verdades» autoimpuestas? ¿Qué acción audaz podrías hacer esta semana si esa «verdad» no existiera? Como ves, a veces saber menos es una ventaja, una oportunidad para ver el mundo desde una perspectiva nueva y fresca.

1. NO PODÍA DISFRUTAR PORQUE CREÍA QUE LUEGO PASARÍA ALGO MALO. AHORA DISFRUTO Y AGRADEZCO CADA DÍA LO QUE TENGO

2. CREÍA QUE EMOCIONALMENTE DEBÍA ESTAR ATADA A PERSONAS QUE SE APROVECHABAN DE MÍ SOLO POR NO SENTIRME SOLA O POR QUE NO PENSARAN QUE ERA EGOÍSTA. AHORA PONGO LÍMITES Y CONSTRUYO MEJORES RELACIONES

3. NO PENSABA QUE PUDIERA TENER CONTROL NI REGISTRO DE GASTOS E INGRESOS. NO SABÍA MANEJAR LAS TARJETAS DE CRÉDITO NI DEUDAS. EMPECÉ A FIJARME EN LAS TASAS Y A BUSCAR LA FORMA DE SALIR DE DEUDAS PAGANDO

4. ME DABA PENA PREGUNTAR, PROPONER, HABLAR CLARAMENTE DE MIS INTENCIONES CON UN NEGOCIO

5. CREÍA QUE COMO NO HABÍA TERMINADO UNA CARRERA, NO PODÍA LOGRAR LO QUE QUERÍA. AHORA SÉ QUE DEPENDE DE MÍ

6. PENSABA QUE NO TENIA LIDERAZGO NI DON DE GENTES, PERO ME DOY CUENTA QUE IMPACTO LA VIDA DE LAS PERSONAS

7. PENSABA QUE NUNCA LOGRARÍA MIS OBJETIVOS Y NO RECONOCÍA TODO LO QUE HABÍA LOGRADO

8. PENSABA QUE NO ERA CAPAZ DE GENERAR MÁS INGRESOS QUE LOS DE MI SALARIO Y QUE SABÍA MUCHO DE FINANZAS, PERO EN REALIDAD SOLO LAS APLICABA PARA LA EMPRESA Y NO PARA MÍ

9. CREÍA QUE DEBÍA RESIGNARME A LA VIDA QUE ME TOCÓ Y QUE NO TENÍA LO QUE SE NECESITA PARA CUMPLIR MIS SUEÑOS

10. ME FASTIDIABA LA IDEA DE ESTAR APRENDIENDO COSAS NUEVAS Y AHORA BUSCO CAPACITARME CONSTANTEMENTE PORQUE ME BRINDA MÁS CONFIANZA EN MÍ MISMO

 ¿Qué creencias has cambiado en tu vida y qué has ganado con ese cambio? Basándote en esta experiencia, ¿qué creencia actual podrías desafiar para obtener un beneficio similar?

# ADOLESCENTE

 YO SÉ QUE TENGO UN GRAN POTENCIAL
PERO ESTOY ESPERANDO
A QUE ALGUIEN ME VALORE

# 25 AÑOS

 PUEDO HACER
MUCHAS COSAS PERO AÚN
NO HA LLEGADO EL MOMENTO

# 45 AÑOS

 PARA QUÉ AFANARME YO SÉ QUE
PUEDO HACER MUCHO... PERO
NO LO VOY A HACER PARA OTROS

# 70 AÑOS

 ...YO QUERÍA HACER MUCHO
PERO NO SE ME PRESENTÓ
LA OPORTUNIDAD

AQUÍ ESTÁ SEPULTADO UN GRAN POTENCIAL

### *El poder de elegir: transforma el «tengo que» por «elijo»*

¿Te has encontrado atrapado en el ciclo interminable de «tengo que»? «Tengo que trabajar», «tengo que hacer las tareas con mis hijos», «tengo que hacer los informes en mi empresa». Estos pensamientos te hacen sentir atrapado, ¿verdad? Pero ¿y si te dijera que puedes recuperar el control cambiando la manera en que te hablas a ti mismo?

Cuando decimos «tengo que», nos definimos en una posición de víctima, como si no tuviéramos opción. La verdad es que siempre tienes elección, aunque no te gusten las consecuencias de no elegir. Pero cuando cambias el «tengo que» por el «elijo», estás reconociendo tu poder. De repente, lo que antes era una obligación puede convertirse en una oportunidad para actuar desde tus valores.

Doña Rosa era la operadora de un viejo ascensor de un edificio del Gobierno en Bogotá. Trabajaba ocho horas diarias de lunes a sábado. Sus jornadas eran pesadas, pues siempre había más gente para transportar de la que su «caja» podía mover. Los pasajeros se apretaban como sardinas y doña Rosa debía, algunas veces, bajarlos porque el sobrepeso podría dañar su máquina. ¡Y ni hablar del calor y de los olores que con alguna frecuencia se encerraban con sus pasajeros! Este trabajo no era, ni mucho menos, una actividad envidiable.

Sin embargo, quien la veía operar diría que ella no estaba oprimiendo el botón de un ascensor, sino el de una nave espacial. Lo hacía con tanta certeza y cuidado que nadie se atrevía a tocarlo sin su consentimiento. Estaba pendiente de que su «nave» estuviera lo más pulcra posible y no era raro verla con un pequeño trapo brillando la envejecida manija de la puerta que, una vez brillada, le daba «cierta clase» al aparato.

Para ganar algo adicional, doña Rosa vendía papel oficial y estampillas. Si tenía un rato libre, tejía ropa para bebé y tenía además un interesante pasatiempo: le encantaba aprenderse los nombres de los abogados que frecuentaban el edificio para sorprenderlos al saludarlos. De esta manera, se creaba entre ellos una cierta competencia por el orgullo de ser «muy conocido», así que muchos se las arreglaban para que ella recordara su nombre.

Un día, alguien le preguntó cómo podía permanecer tan contenta encerrada en un ascensor y haciendo un trabajo tan rutinario y mal pagado.

Ella contestó:

–Muchas personas creen que yo actúo así por la gente, por el público, pero le voy a decir la verdad: lo hago por mí. Cuando trato bien a mis pasajeros, me siento bien. Sé que mi ascensor es viejo y está mal mantenido, pero cuando lo limpio y lo brillo, me estoy cuidando a mí misma. Es mi espacio de trabajo, mi vida, y si lo trato con cuidado, me va a servir mejor.

–¿Y todos los que trabajan aquí piensan lo mismo? –le preguntaban.

–No, algunos de mis compañeros creen que su tiempo de trabajo no les pertenece a ellos, que es el tiempo de la empresa. Y a veces ellos parecen «zombis». Es como si se murieran a las ocho de la mañana y resucitaran a las seis de la tarde. Suponen que, estando de mala gana o resentidos, van a ofender al jefe, que quizás ni se entera. Se la pasan mal y aburridos, pero es tiempo de su vida.

Esto no es solo un juego de palabras. Cambiar el «tengo que» por «elijo» te devuelve el control. Te pone como protagonista de tus decisiones y te permite conectar con el propósito detrás de lo que haces. Durante un día, cada vez que pienses «tengo que», detente. Reformula la frase para que empiece con la palabra «elijo» y observa cómo cambia tu perspectiva cuando reconoces que estás actuando por elección y no por obligación.

Aquí tienes algunos ejemplos para aplicar el reencuadre en tu día a día:

• «Tengo que lavar los platos»
▶ «Elijo lavar los platos porque valoro un hogar limpio y ordenado para mí y mi familia. Además, puedo escuchar música y aprovechar este momento para pensar en otras cosas».

• «Tengo que hacer las tareas con mi hijo»

▶ «Elijo hacer las tareas con mi hijo, aunque me siento cansado después del trabajo. Lo hago por su futuro y por amor. ¿De qué sirve el esfuerzo si no lo disfruto? Hacer la tarea con él es una oportunidad para compartir tiempo juntos».

• «Tengo que hacer los informes en mi empresa»

▶ «Elijo hacer los informes porque cumplo con mi responsabilidad en el trabajo, ayudo a mi empresa a funcionar mejor y es una forma de dar lo mejor para el presente y futuro de mi familia. Además, me siento bien al hacer un buen trabajo».

Este pequeño cambio mental transforma las tareas rutinarias en actos conscientes que se alinean con lo que valoras.

Vamos a aplicar *El Trabajo de Byron Katie a la creencia limitante «Tengo que hacer muchas cosas que no me gustan»*.

**1. ¿Es esto verdad?**

Respuesta: en este momento, parece verdad. Hay muchas cosas en mi día a día que no disfruto, como tareas rutinarias o responsabilidades que me pesan.

**2. ¿Puedo estar absolutamente seguro de que es verdad?**

Respuesta: no, no puedo estar absolutamente seguro. Si reflexiono, me doy cuenta de que algunas de las cosas que creo tener que hacer son elecciones que hago por compromiso o necesidad, y en realidad no estoy obligado a hacer todo. Además, puedo cambiar mi perspectiva o cómo las afronto.

### 3. ¿Cómo reaccionó cuando creo en este pensamiento?

Respuesta: me siento abrumado, frustrado y sin control sobre mi vida. Cada vez que me enfrento a esas tareas, lo hago con resentimiento y pesadez, lo que las hace aún más desagradables. Me siento atrapado en una rutina y, a menudo, procrastino o las hago de mala gana, lo que me agota emocionalmente.

### 4. ¿Quién sería yo sin este pensamiento?

Respuesta: sin este pensamiento, me sentiría más libre y relajado. Abordaría las tareas con una actitud diferente, viendo algunas como oportunidades para aprender o contribuir, o simplemente las aceptaría como parte de la vida sin tanta resistencia. Sería más proactivo y flexible para organizar mi tiempo o delegar aquello que no disfruto. Sentiría menos estrés y más paz con las decisiones que tomo cada día.

### Invirtiendo la creencia:

La inversión de 'tengo que hacer muchas cosas que no me gustan' podría ser: 'Elijo hacer estas cosas porque quiero, a pesar de que sean difíciles para mí.

Estas inversiones invitan a cuestionar si realmente hay tantas cosas que no disfruto o si es mi actitud hacia ellas la que me hace sentir así. Tal vez, al analizarlo más profundamente, descubro que disfruto de ciertas partes de esas tareas o que he estado ignorando las cosas que sí me gustan. También puedo ver que muchas veces hago cosas por elección, no por obligación, y que puedo cambiar la forma en que percibo o manejo mis responsabilidades.

 ✎ ¿Cómo podrías inyectar alegría y propósito en tus tareas diarias? Elige una tarea diaria que encuentres monótona. ¿Qué pequeño cambio podrías hacer para agregarle un elemento de alegría o propósito?

✎ Doña Rosa convertía lo cotidiano en extraordinario. No es el trabajo lo que importa, sino cómo lo abordas. Un estudio de la Universidad de Harvard encontró que las personas que le dan significado a sus tareas diarias, incluso a las más simples, reportan niveles más altos de satisfacción y bienestar.

✎ ***El ejercicio de reencuadre:***

 **1.** Haz una lista de cinco cosas que sientes que «tienes que» hacer.

**2.** Reescribe cada una comenzando con «Elijo...» y añade un beneficio que obtienes. Por ejemplo: «elijo pagar impuestos porque valoro vivir en una sociedad funcional y quiero contribuir a ella».

**3.** Reflexiona sobre cómo este cambio de perspectiva afecta tu actitud hacia esas tareas.

Cada tarea puede ser una oportunidad para actuar desde lo que valoras. Como dijo Viktor Frankl, esa libertad está siempre a tu disposición.

 ✎ ¿Qué aspecto de tu vida podría transformarse si lo vieras como una elección en lugar de una obligación? Identifica un aspecto específico de tu vida que ves como una obligación.

Recuerda, no es lo que haces, sino cómo eliges hacerlo lo que define la calidad de tu vida. ¿Qué elegirás hoy?

### *Sal de la trampa de las generalizaciones: tu camino hacia la claridad y el disfrute*

Imagina que llegas tarde dos días al trabajo por una emergencia familiar y tu jefe te dice:

–Siempre llegas tarde.

O piensa que un día no preparas la cena por trabajo y tu pareja afirma:

–No te importa nuestra relación.

¿Te suena familiar?

Expresiones como «siempre me sale todo mal», «nadie me escucha», «nunca te importa lo mío» y «todo el mundo está en mi contra» limitan tus relaciones, te encierran en patrones negativos y te privan de ver soluciones o valorar lo positivo. ¡Cambiar tu lenguaje puede cambiar tu perspectiva!

El metamodelo de Richard Bandler y John Grinder, cocreadores de la PNL, ofrece herramientas para desafiar estas creencias limitantes. Este método ayuda a reemplazar generalizaciones vagas con pensamientos claros y específicos. Por ejemplo:

• *«Nunca hago esto bien»*

▶ ¿Cuándo específicamente? ¿Qué específicamente? Responder te ayudará a identificar excepciones y ganar confianza.

• *«La gente siempre está en mi contra»*

▶ ¿Quién específicamente? ¿Y acerca de qué, específicamente?.

• *«Tengo que hacer esto»*

▶ ¿Qué pasaría si no lo hicieras?

Esta pregunta te abre a nuevas posibilidades y decisiones conscientes.

• *«Es imposible hacerlo»*

▶ ¿Qué te impide hacerlo?

Identifica barreras reales para desbloquear soluciones.

 ✎ ¿Qué frases con palabras como «siempre» o «nunca» limitan tu visión? ¿Cómo podrías reformularlas para abrirte a nuevas posibilidades y disfrutar más de tu vida?

Cambiar estas expresiones transforma cómo percibes tu mundo, desbloqueando claridad y disfrute en tu día a día. ¡Elige un lenguaje que te empodere!

 ✎ Si alguien te viene a decir: están diciendo esto o hay problemas con el trabajo o no me gusta lo que haces, puedes usar este diagrama y hacer las preguntas.

Descubre más recursos valiosos
misrecursos.org

***TU MENTE ES COMO UN TAXI:*** *SI NO LE DAS DIRECCIÓN, SOLO GASTARÁS ENERGÍA Y DINERO DANDO VUELTAS SIN LLEGAR A NINGÚN LADO.*

# PARTE TRES

# Modelo para transformar tus problemas en oportunidades

**TRANSFORMA PROBLEMAS EN METAS CONCRETAS**

Del mismo modo que existe un método para correr más rápido, refinar petróleo o lograr ventas millonarias, también hay un modelo universal para alcanzar lo que deseamos en la vida. No es magia ni suerte, sino una forma probada de hacer las cosas.

Estudios en distintas culturas y disciplinas han identificado patrones clave que usan las personas exitosas para lograr resultados extraordinarios.

Sin embargo, este modelo no es exclusivo de líderes o genios, pues también lo aplican millones de personas en su vida cotidiana, muchas veces sin darse cuenta, para alcanzar metas importantes.

Tú mismo has utilizado este método en los logros de los que te sientes orgulloso. En este capítulo y los siguientes, aprenderás a reconocer esos patrones y a ver cómo puedes utilizarlos conscientemente para alcanzar nuevos niveles de éxito.

### Convierte tus problemas en metas concretas

Recuerdo una época en la que creía tenerlo todo: trabajaba 14 horas al día, era «el exitoso» de mi familia, pero vivía apagando incendios. Mis metas eran vagas: salir de deudas, ser exitoso o ganar más dinero. Sin embargo, carecía de un plan real en las áreas importantes de mi vida y eso me llevó a tener conflictos, estrés y una sensación constante de vacío.

### Yo pensaba que tenía metas financieras.

Ganaba bien, pero vivía al día. Usaba tarjetas de crédito sin pensar y hacía inversiones improvisadas que terminaban en pérdidas. No tenía un plan de ahorro ni metas financieras a largo plazo.

### Yo pensaba que tenía metas con mi familia.

Aunque decía que mi familia era lo más importante, les dedicaba poco tiempo de calidad. Llegaba tarde, agotado y desconectado.

### Yo pensaba que tenía metas con mi salud.

No obstante, mi alimentación era desordenada, dormía mal y no hacía ejercicio. Los esfuerzos eran intermitentes y no los sostenía.

***Yo pensaba que tenía metas de educación y desarrollo profesional.***

Tomaba cursos por gusto o necesidad inmediata, pero no tenía un plan para crecer ni actualizarme a largo plazo.

Ahora, ¿qué ocurre cuando no tenemos metas claras? Sencillo: vivimos de manera reactiva. Nos dejamos llevar por lo urgente, ignoramos lo importante y terminamos frustrados. Stephen R. Covey, en *Los 7 hábitos de la gente altamente efectiva*, explica que sin metas concretas en cada área de la vida perdemos equilibrio y propósito. En lugar de avanzar, nos quedamos atrapados en un ciclo de conflictos y estrés.

Por el contrario, las metas específicas en áreas clave (financiera, emocional, familiar, laboral, física y espiritual) nos permiten vivir de forma proactiva, moviéndonos hacia lo que queremos, en lugar de solo evitar lo que no queremos.

***La historia de Andrea y Pablo: | EPISODIO 403*** 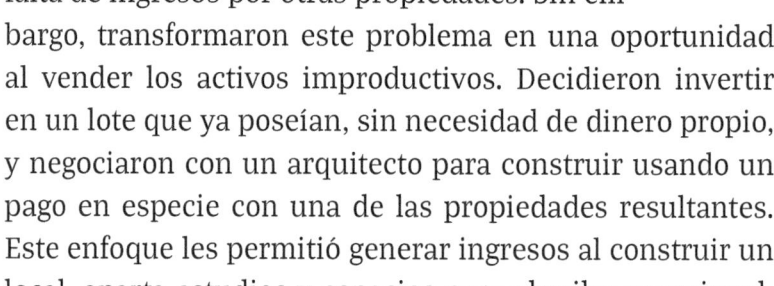 enfrentaron una crisis financiera tras comprar un apartamento sobre planos que nunca se completó debido a la constructora, sumado a la falta de ingresos por otras propiedades. Sin embargo, transformaron este problema en una oportunidad al vender los activos improductivos. Decidieron invertir en un lote que ya poseían, sin necesidad de dinero propio, y negociaron con un arquitecto para construir usando un pago en especie con una de las propiedades resultantes. Este enfoque les permitió generar ingresos al construir un local, aparta estudios y espacios para alquiler vacacional, diversificando así sus fuentes de ingresos.

## SI NO SABE PARA DÓNDE VA, NO IMPORTA QUÉ CAMINO TOME

### *Cómo definir metas claras*

Definir una meta es como subirse a un taxi o pedirle a tu GPS que te lleve a tu casa: no pueden hacerlo si no les das la dirección precisa. A veces nos decimos que queremos progresar, mejorar o crecer, pero sin precisar exactamente nada. Si le pides al taxista que te lleve a un restaurante, probablemente te lleve al que él prefiera.

**173**

O quizás te pregunte a ti qué tipo de comida te gusta, qué precio estás dispuesto a pagar, si quieres comida rápida o un buen restaurante, si quieres desayunar o almorzar, etc.

Siguiendo esa lógica, comprar una casa de inversión no es una meta clara, pero comprar una casa en tal barrio, de máximo de cien mil dólares, que tenga un garaje que pueda convertir en un apartamento, que ya tenga un apartamento, que sea preferiblemente en un lote grande en donde pueda instalar un container adaptado como apartamento para arrendar, que la renta pague la hipoteca y me deje al menos 10 % neto sobre mi inversión en efectivo y que esté máximo a 30 minutos de mi casa sí es una meta clara.

La metodología SMART (específica, medible, alcanzable, relevante, con límite de tiempo) se originó en 1981, cuando George T. Doran la introdujo en su artículo *There's a S.M.A.R.T. Way to Write Management's Goals and Objectives,* publicado en la revista Management Review. Entonces, hablemos de esta metodología:

• *Específica (S).*
La meta debe ser clara y precisa, evitando generalidades. Define qué es lo que quieres lograr con exactitud.
• *Medible (M).*
Debe ser posible cuantificar o medir el progreso hacia la meta. Establece indicadores concretos que te permitan evaluar tu avance.

• *Alcanzable (A).*

La meta debe ser realista y alcanzable dentro de tus capacidades y recursos disponibles.

• *Relevante (R).*

Debe estar alineada con tus objetivos generales y ser significativa para ti. Asegúrate de que tenga sentido en el contexto más amplio de tu vida o trabajo.

• *Con tiempo definido (T).*

Debes establecer un plazo límite o una fecha específica para alcanzar la meta. Esto ayuda a mantener el enfoque y la disciplina. Te voy a dar ejemplos de cómo transformar una meta genérica en una meta SMART.

### 1. Crecimiento personal

• *Meta SMART:* Completar un curso de habilidades de liderazgo en línea (Específica) que dure 6 semanas (Medible) dedicando 5 horas semanales (Alcanzable) para mejorar mi confianza en la gestión de equipos (Relevante) antes del 30 de junio de este año (Con tiempo definido).

• *Primer paso:* Buscar y registrarme en un curso en línea hoy mismo.

### 2. Conexiones significativas

• *Meta SMART:* Organizar una reunión con un amigo cercano (Específica) al menos una vez al mes durante los próximos 6 meses (Medible), buscando fortalecer nuestra relación (Relevante) y ajustando mi agenda para priorizar este tiempo (Alcanzable) con el primer encuentro programado para el próximo viernes (Con tiempo definido).

• ***Primer paso:*** Enviar un mensaje a mi amigo para proponer una fecha esta semana.

### 3. Impacto y Legado

• ***Meta SMART:*** Unirme a un proyecto de voluntariado en una organización local (Específica) para donar 4 horas al mes (Medible) ayudando a niños con actividades educativas (Relevante) durante los próximos 3 meses (Con tiempo definido).

• ***Primer paso:*** Investigar y contactar a una organización cercana hoy mismo.

### 4. Salud y vitalidad

• ***Meta SMART:*** Realizar ejercicio aeróbico 4 días a la semana (Específica), dedicando 30 minutos por sesión (Medible) para mejorar mi resistencia y reducir mi nivel de estrés (Relevante) durante los próximos 2 meses (Con tiempo definido).

• ***Primer paso:*** Descargar una aplicación de seguimiento de actividad física y planificar las sesiones esta semana.

### 5. Aventura y descubrimiento

• ***Meta SMART:*** Explorar una nueva actividad o lugar cada mes (Específica) durante los próximos 6 meses (Medible) para salir de mi rutina y aumentar mi curiosidad (Relevante), comenzando con una caminata guiada en mi ciudad el próximo sábado (Con tiempo definido).

• ***Primer paso:*** Buscar actividades culturales o excursiones locales y reservar una opción esta semana.

### 6. Creatividad y expresión

• **Meta SMART:** Crear y publicar 3 dibujos originales (Específica) en mi perfil de redes sociales (Medible) para reconectar con mi pasión artística (Relevante) durante el próximo mes (Con tiempo definido).

• **Primer paso:** Reservar 2 horas este fin de semana para hacer mi primer boceto.

### 7. Propósito y espiritualidad

• **Meta SMART:** Practicar meditación guiada durante 15 minutos al día (Específica) utilizando una aplicación de mindfulness (Medible) para conectar con mis valores y reducir el estrés (Relevante) durante los próximos 30 días (Con Tiempo definido).

• **Primer paso:** Descargar una aplicación de meditación y configurar un recordatorio diario.

### 8. Abundancia y Recursos

• **Meta SMART:** Ahorrar $200 al mes (Específica) ajustando mis gastos (Medible) para construir un fondo de emergencia de $1,200 en 6 meses (Con tiempo definido), asegurándome estabilidad financiera (Relevante).

• **Primer paso:** Revisar mis gastos actuales y establecer un presupuesto esta semana.

Descubre más recursos valiosos
misrecursos.org

# NO SÉ SI EXISTEN
*PERSONAS TÓXICAS...*

# SÉ QUE MI FORMA DE RELACIONARME CON ALGUNAS PERSONAS ES TÓXICA

 ¿En qué áreas de tu vida quisieras fijarte metas y comprometerte con ellas? ¿Te ayudaría a mejorar sustancialmente tu calidad de vida? Identifica un área específica y establece una meta SMART para ella. ¿Cuál será tu primer paso concreto hacia esta meta y cuándo lo darás?"

**Conoce la historia de Daniel | EPISODIO 431,** quien hizo un cambio clave en su mentalidad: Antes, trabajaba solo por pagar deudas y mantener su negocio a flote. Ahora, su objetivo es crear ingresos pasivos, lo que lo llevó a replantear su enfoque financiero y tomar decisiones más alineadas con la estabilidad y la libertad financiera.

### Prioriza el QUÉ, antes del CÓMO

¿Alguna vez has logrado algo grande sin tener idea de cómo ibas a hacerlo al principio? Recuerdo que, a mis 16 años, no tenía ni con qué comer y les decía a mis amigos con entusiasmo: «yo soy millonario, lo único que me falta es la plata». Sabía exactamente lo que quería, pero el cómo era un misterio total. No tenía dinero, ni contactos, ni habilidades. Me aferré al qué y, sorprendentemente, los cómo comenzaron a aparecer: las personas adecuadas, los recursos necesarios y las ideas surgieron cuando más las necesitaba. ¿Te ha pasado algo similar?

Cuando te has propuesto los sueños más grandes que has logrado, primero has decidido lo que quieres. Te convenciste de lograrlo y después fuiste resolviendo cómo hacerlo realidad. Si a tu mente le dejas claro el QUÉ, ella encontrará el CÓMO. ¿Cuántos sueños has abandonado porque te dices «no tengo con qué», «¿de dónde voy a sacar?», «yo no sé de eso» o «no soy capaz de...»? Con tiempo y planeación, podrás encontrar diversas formas de lograr lo que quieres, tal como lo has hecho antes en tu vida.

🖊 Recuerda cuando lograste algo que querías y con lo que tuviste muchas dificultades. Escribe tres ocasiones en las que has hecho lo mismo. En esas oportunidades, ¿qué estrategia común utilizaste para superar las dificultades? ¿Cómo podrías aplicar esta estrategia a un desafío actual en tu vida?

🖊 Cuando te enfocas en pensar qué podrías lograr con lo que tienes, tu mente se limita. Identifica una situación reciente en la que te limitaste por enfocarte solo en los recursos disponibles. ¿Cómo podrías replantear esa situación enfocándote en lo que quieres lograr sin importar qué recursos actuales tengas?

### Divide el elefante en pedacitos: cómo lograr grandes metas con pasos pequeños

«La mejor manera de comerse un elefante en tu camino es cortarlo en pequeños pedazos». –Proverbio africano.

¿Te has sentido abrumado ante una meta enorme? Es común. Las grandes metas pueden parecer inalcanzables, pero el secreto está en dividirlas en pasos pequeños y manejables. En lugar de enfocarte solo en el objetivo final, establece hitos específicos. Esto hace que el camino sea más claro, menos intimidante y te mantiene motivado. Por ejemplo:

*Finanzas:* paga 500 dólares adicionales por mes para saldar una deuda de 10.000 en 20 meses.

*Salud:* incrementa 1 km a tu carrera semanal cada mes para correr un maratón.

*Aprendizaje:* domina un idioma aprendiendo 5 palabras nuevas al día.

*Lectura:* leer 10 páginas al día suma 12 libros al año, expandiendo tu conocimiento.

*Escritura:* escribir 100 palabras al día te lleva a completar un libro en un año.

*Educación:* dedicarle 20 minutos diarios al aprendizaje profesional equivale a 120 horas anuales, lo que es similar a un curso formal.

 ¿Qué meta grande puedes dividir hoy en pequeños pasos? ¿Cuál es el primer paso que darás ahora?

### Acción constante con pasión

La madre que le cambia el pañal sucio a su bebé mientras lo mira a los ojos y le canta o le habla a pesar de estar con sueño y tener otras urgencias, así como el deportista que disfruta y da lo mejor de sí mientras entrena para su próxima prueba, aunque esté agotado, su cuerpo le duela y quiera estar con sus amigos que se divierten, han decidido ponerle pasión. Sin esto, el coronel Sanders no habría creado su cadena de restaurantes, ni Steve Jobs hubiera fundado Apple, ni Elon Musk hubiera creado Tesla, pero lo más importante es que TÚ no habrías alcanzado los logros de los que te enorgulleces. Eso es imposible sin ponerle pasión a cada paso, a cada desafío y a cada duda. Quizás tenías razones para sentir desánimo, frustración y desmotivación; sin embargo, decidiste apasionarte por tu meta y lo lograste.

No es la meta lo que te motiva, sino tú quien decides motivarte con tus metas.

 🖉 ¿Qué haces en tu vida diaria que, aunque parezca ordinario o desafiante, decides transformar en algo especial gracias a la pasión que eliges ponerle?

**¿Esperando a que todos los semáforos estén en verde? La perfección es la enemiga del progreso**
Imagínate esto: es lunes por la mañana y tienes una presentación importante, pero, antes de salir de casa, te dices: «no me iré sino hasta que todos los semáforos en mi ruta estén en verde». Suena ridículo, ¿verdad? Sin embargo, ¿cuántas veces hacemos exactamente esto con nuestras metas y sueños?

Descubre más recursos valiosos
misrecursos.org

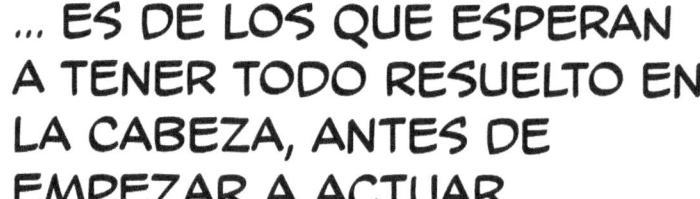

# *LA MINA DE ORO MÁS GRANDE DEL MUNDO* ESTÁ ENTRE TUS DOS OREJAS.

NAPOLEON HILL

# Creatividad y sueños como herramientas para resolver problemas

### SOÑAR EN GRANDE

Un amigo me decía en broma:

–¡Tengo sueños, pero cada año les hago un descuento!

¿Te pasa lo mismo? A menudo dejamos que el miedo y la duda limiten lo que creemos posible. Pensamientos como «eso es mucho», «yo nunca podría» o «nadie me daría esa oportunidad» nos llevan a ajustar nuestros sueños a una realidad limitada.

### El valor del primer paso imperfecto

La acción, incluso imperfecta, tiene un poder mágico. Genera impulso, atrae recursos y revela oportunidades que no podías ver desde la línea de salida. Te compartiré aquí algunas estrategias para avanzar incluso cuando no todos los semáforos están en verde:

**1. *La regla de la acción de mejora:*** actúa y perfecciona en el camino.

**2. *Divide y conquista:*** convierte tu gran meta en pasos pequeños y manejables.

**3. *Busca opiniones temprano:*** no esperes a tener el producto «perfecto». Muestra versiones tempranas e implementa mejoras basándote en opiniones reales.

**4. *No esperes a sentirte con ánimo y con fuerza.*** Solo da el primer paso.

Todos nos enfrentamos a miedos y dudas, pero la clave es recordar que, al decidir, tienes el control de tus pensamientos y emociones, aunque tu mente te grite lo contrario, ¿o acaso tus logros más valiosos no han nacido dc tu determinación de avanzar hacia lo que querías sin importar cómo te sentías o si creias o no en ti? Es en ese compromiso con cada paso donde realmente encontraste la fuerza y la seguridad para dar el siguiente y el siguiente.

Además, el universo premia la acción. Hay algo casi mágico que sucede cuando pasamos de la planificación a la acción. Se abren puertas, aparecen personas, se materializan recursos... pero solo si estamos en movimiento.

 🖉 ¿Qué logros importantes en tu vida alcanzaste a pesar de no sentirte con fuerzas o de tener dudas? ¿Qué paso podrías dar en este momento?

**187**

🖉 Piensa en lo que ya has logrado, aunque para otros parezca insignificante. Lo importante es lo que significa para ti. Si has dado grandes o pequeños pasos en el pasado fue porque no permitiste que tus circunstancias definieran tus posibilidades. Esas mismas cualidades que te llevaron a superar obstáculos pueden ayudarte a lograr lo que sueñas.

Sueña libremente, sin pensar en el «cómo» o en si lo que quieres es realista. Solo fantasea y disfruta de esas ideas en tu mente, como un artista creando una obra.

Con el tiempo, algunas fantasías se convertirán en sueños, y estos en metas alcanzables. ¡Soñar es el primer paso para transformar problemas en oportunidades!

🖉 ¿Qué sueño has limitado porque parece «irrealista»? ¿Cómo cambiaría tu vida si eliminaras esas barreras?

🖉 ¿Cuál fue el último sueño que perseguiste y cómo te transformó? ¿Qué lección puedes aplicarle a un sueño que estés considerando ahora?

### Imaginación activa: la clave para crear soluciones

Lo primero es que debes hacer que tus sueños crezcan. Imagina cómo quieres transformar tu vida no solo en términos generales, sino con el máximo detalle posible. Cuando sueñas de manera activa y comprometida, empiezas a ver nuevas posibilidades y esas posibilidades te motivan a actuar.

Piénsalo por un momento: cada vez que le dedicas tiempo a preocuparte por problemas que quizás nunca pasarán o a cuestiones triviales, estás gastando energía creativa. En lugar de eso, invierte tiempo en imaginar cómo quisieras que fuera tu vida ideal.

✎ ¿Te has detenido alguna vez a preguntarte si las metas que persigues son realmente tuyas o si solo estás siguiendo lo que otros esperan de ti? ¿Es ese sueño que estás persiguiendo lo que realmente te llena el corazón o solo lo estás haciendo por cumplir con las expectativas de los demás?

✎ ¿Qué actividades, personas o lugares te llenan de energía y te hacen sentir como una persona más viva? ¿Estás dedicándole suficiente tiempo a lo que en realidad te nutre y estás asumiendo una actitud que te permita vivir cada momento como una oportunidad de aprendizaje, una aventura o un regalo que te puede ayudar a llegar a lo que quieres ser?

Recuerda que soñar es gratis y, además, tiene el poder de cambiar tu vida si reconoces que lo que vives hoy fue un sueño que tuviste y cumpliste.

### Lista consciente de sueños: ve más allá de los límites

En muchas ocasiones, cuando he preguntado en sesiones de coaching individual o grupal '¿cuáles son sus sueños?', recibo un profundo silencio, como si fuera una pregunta difícil de responder. Me he dado cuenta de que a la mayoría de las personas les cuesta fantasear sobre lo que quieren y soñar en grande, pues escuchan a la loca de la casa gritando «eso no es posible», «¿tú quién te crees?», «eso es mucho para ti», «¿cómo vas a querer eso si no eres capaz con nada?», etc. Quiero invitarte a que te permitas soñar.

Estos son algunos de mis sueños cumplidos después de décadas. No sin dificultades y después de cometer innumerables errores, escribí este libro para que tú logres tus sueños más rápido, con menos errores y, sobre todo, disfrutando más que yo.

• A los 18 años, cansado de recibir personas en el aeropuerto de Bogotá y sin un centavo para viajar, me dije: «un día voy a viajar a cualquier lugar del mundo, a muy buenos hoteles y me van a pagar por ello». Hoy puedo ir a donde quiera.

• «Un día quiero dictar cursos en un estadio con cincuenta mil personas». En ese momento ni siquiera dictaba cursos, pero hoy uno solo de mis videos de YouTube pueden verlo cientos de miles de personas.

• «Voy a disfrutar de muchos momentos amorosos, gratos y abundantes con mi familia. Además, mis hijos van a estudiar en las mejores universidades». Estaba solo, resentido y quebrado, pero hoy disfruto de innumerables momentos mágicos con mi familia.

• «Voy a vivir en casas hermosas junto al agua». Eso lo soñé cuando vivía en una habitación compartida con extraños y con desafíos para pagarla. Hoy he vivido en casas hermosas junto al agua.

## SOÑAR ES COMENZAR A CREAR

### No te compres los sueños de otros

Los sueños son diferentes para cada uno y también varían con las etapas de la vida, así que soñar en grande no tiene que significar que quieras la gran mansión junto al mar, tener millones de dólares, alcanzar la fama o tenerlo «todo», pues eso sin concretar no quiere decir nada.

Pregúntate cuáles son tus sueños, no los que ves en las redes o las películas ni los que otros te dicen que debes perseguir. Da igual que al comienzo parezcan absurdos o imposibles, después de todo, son solo sueños, fantasías, pensamientos que puedes cambiar. Siéntelos y piensa si te gustaría lo que ese sueño traería a tu vida. ¿Cómo la cambiaría?

¿Qué precios tendrías que pagar para lograrlo? ¡Qué importa si a otros les parecen pequeños o grandes! ¡Lo importante es que son para ti!

Todo sueño, toda meta que decidimos alcanzar es porque estamos buscando una experiencia. Anthony Robbins desarrolla el concepto de las seis necesidades humanas en su libro *Despertando al gigante interior,* publicado en 1991. Este libro presenta muchas de sus ideas fundamentales sobre cómo las emociones, las decisiones y los patrones de comportamiento influyen en nuestras vidas, incluyendo el marco de las necesidades humanas.

Además, Robbins explora estas necesidades de manera más práctica y desarrollada en sus seminarios, como *Desata el poder interior y Cita con el destino*. También las menciona frecuentemente en entrevistas y charlas, pero el libro mencionado es el punto de partida para este tema.

Así pues, este hombre identifica seis necesidades o experiencias fundamentales que todos los seres humanos buscamos, aunque las formas de satisfacerlas varían. Estas necesidades son universales y explican muchas de nuestras decisiones y comportamientos. Aquí tienes las seis:

**1. *Certeza (seguridad)*.** La necesidad de sentirnos seguros, cómodos y estables en nuestras vidas. Buscamos evitar el dolor y garantizar placer. Para conseguirla, intentamos tener un trabajo estable, un hogar cómodo o rutinas predecibles.

**2. *Variedad (aventura)*.** La necesidad de novedad, cambio y estimulación. Aunque buscamos seguridad, también anhelamos experiencias nuevas para evitar el aburrimiento. Para eso, viajamos, aprendemos algo nuevo, cambiamos de ambiente o asumimos riesgos.

**3. Importancia (reconocimiento o significancia).** La necesidad de sentirnos valiosos, especiales y reconocidos. Queremos ser únicos y tener impacto en nuestras vidas y en las de los demás. Para ello, buscamos tener logros profesionales, estatus social, reconocimiento público o ayudar a otros para sentirnos útiles.

**4. Conexión y amor.** La necesidad de sentirnos vinculados emocionalmente con otros. Esto incluye relaciones de amor, amistad o pertenencia. Lo buscamos en relaciones románticas, amistades profundas o perteneciendo a una comunidad o equipo.

**5. Crecimiento.** La necesidad de mejorar y desarrollarnos continuamente. Queremos aprender, expandir nuestras habilidades y alcanzar nuestro potencial. Por eso, tendemos a leer, tomar cursos, superar desafíos o buscar mentorías.

**6. Contribución.** La necesidad de dar más allá de nosotros mismos, de marcar una diferencia en la vida de otros o en el mundo. Esto nos da propósito y significado. Para satisfacer esta necesidad, participamos en voluntariados, donamos tiempo o dinero o ayudamos a alguien sin esperar nada a cambio.

Todos tenemos estas seis necesidades, pero las priorizamos de una forma diferente. Algunas personas buscan principalmente seguridad y conexión, mientras que otras se enfocan más en el crecimiento y la contribución. Entender cuáles son tus necesidades predominantes puede ayudarte a tomar decisiones más alineadas con tu verdadera motivación.

Para cada una de tus metas, sueños o deseos, pregúntate cuál experiencia de estas seis estás buscando y cómo podrías lograr la misma experiencia de otra forma. Por ejemplo, si quieres comprar una casa en el campo para desconectarte y disfrutar el fin de semana con la familia, quizás estás buscando conexión y significancia con los tuyos. Así pues, pregúntate cómo podrías lograr lo mismo sin una casa en el campo.

✏ ¿Cuáles de estas necesidades sientes que están impulsando tus metas actuales?

He observado que muchas personas abordan su lista de sueños como una simple lista, pero sin entender qué es realmente. Fijarse un sueño no es solo escribir deseos en un papel, es una herramienta de transformación vital. Permítame compartirte un enfoque práctico y balanceado para darles vida a tus sueños.

## EL QUE NO SABE PARA DÓNDE VA, PUEDE LLEGAR A DONDE NO QUIERE

***El marco VIDA (valores, intención, dirección, acción)***

***1. Los valores como brújula (¿por qué?).*** Tu sueño necesita estar arraigado en lo que realmente importa para ti. Los valores son como una brújula que orienta tus decisiones y le da sentido a tus metas. Una pregunta poderosa para este punto es: «¿qué hace que tu corazón cante?». Reflexiona sobre lo que realmente enciende tu pasión, no lo que otros esperan de ti. No preguntes qué quieres hacer, sino por qué quieres hacerlo. Esto te ayuda a separar lo importante de lo superfluo. Por último, identifica los valores que realmente te importan, no los que 'deberías' tener según las normas sociales o las expectativas externas.

Por ejemplo, si valoras la libertad, tus metas deben alinearse con ella, no contradecirla.

***2. Intención consciente (¿para qué?).*** Más allá del objetivo, es fundamental saber para qué lo persigues. La intención te conecta con el propósito y evita que te pierdas en la rutina. Te propongo un ejercicio: imagina que tienes 80 años y te tomas un café con esa versión de ti mismo. Pregúntale qué le gustaría que recordara de ese momento de su vida. Luego reflexiona con lo siguiente: ¿qué decisiones actuales te llenan de orgullo? ¿Qué acciones o actitudes preferirías cambiar para evitar arrepentimientos? ¿Qué celebraciones o logros querrías agradecerte?

***3. Dirección clara (¿hacia dónde?).*** Los sueños no se cumplen por accidente, sino que necesitan un plan claro y pasos medibles. Una dirección clara transforma la inspiración en un mapa hacia la acción, así pues, define tu norte personal, visualiza tu meta final y desglósala en hitos manejables que puedas celebrar en el camino. Además, piensa en tu sueño como un viaje: ¿dónde estás ahora? ¿Cuál es tu próximo paso? ¿Cómo sabrás que estás avanzando? Recuerda que debes ser flexible, pero comprometido. Ajustar el camino es normal, pero abandonar el destino no lo es.

**4. Acción intencionada (¿cómo?).** Finalmente, la magia sucede cuando conectas tus valores, intención y dirección con acciones concretas. Céntrate en microacciones diarias: no necesitas resolverlo todo de una vez. Enfócate en dar pequeños pasos que sean consistentes con tus valores y metas. Por ejemplo, si tu sueño es escribir un libro, empieza escribiendo 100 palabras al día. Para esto, puedes seguir la regla del 1%, que implica mejorar ese porcentaje cada día. A lo largo del tiempo, ese pequeño progreso se convertirá en un cambio transformador.

Cuando alineas tus valores con una intención consciente, defines una dirección clara y tomas acciones consistentes, tus sueños dejan de ser un simple deseo y se convierten en el motor de tu transformación personal.

Recuerda: no se trata solo de alcanzar tu meta, sino de la persona en la que te conviertes mientras persigues tus sueños. ¿Estás listo para empezar?

*Preguntas de reflexión final:*
**1.** ¿Qué cubeta está pidiendo más atención ahora?
**2.** ¿Qué pequeño paso puedes dar hoy?
**3.** ¿Cómo sabrás que estás avanzando en la dirección correcta?
Tu lista de sueños no es sobre morir habiendo hecho todo, sino sobrevivir haciendo lo que es significativo para ti.

# ¡ACTÚA! *NO ESPERES A QUE TODOS LOS SEMÁFOROS ESTÉN EN VERDE*

# Herramientas prácticas para el éxito

**LAS TRES CLAVES DEL ÉXITO DEL CORONEL SANDERS**

El coronel Sanders, creador de la famosa cadena de restaurantes Kentucky Fried Chicken (KFC), después de una vida llena de trabajos duros y fracasos, a los 65 años dependía de una pensión mínima. Sin embargo, a los 74 ya era multimillonario, pues creó una de las franquicias de restaurantes que funciona en 120 países y que pagan por su famosa receta de pollo frito.

¿Cómo lo logró? ¿Qué lo hizo tan exitoso cuando muchos habrían renunciado? Aquí te compartiré tres estrategias simples que transformaron su vida. Es el mismo modelo que personas como Tony Robbins han enseñado. Y si analizas el éxito de cualquier persona que tú admires o aquellos logros de los que te enorgulleces, verás que tú y ellos han utilizado el mismo modelo sin saberlo. Te lo recordaré de una forma simple y después te lo explicaré en detalle:

1. Metas claras.
2. Acción consistente y pasión.
3. Escuchar retroalimentación y ajustar constantemente.

El coronel Sanders no solo quería salir de la pobreza, sino tenía una meta clara: lograr que 100 restaurantes le pagaran una pequeña comisión por utilizar su receta de pollo. Este hombre no tenía contactos ni dinero. Fue a más de 1.000 restaurantes que rechazaron su idea. Mientras tanto, dormía en su automóvil y sobrevivía con lo mínimo, pero sin dejar su optimismo y su actitud de aprender. Cada vez que le decían que no, escuchaba y buscaba información en esa negativa, la cual le ayudaba a mejorar su próxima entrevista.

Si le decían «no, gracias, al menos traiga una propuesta escrita», en lugar de deprimirse, llegaba a la siguiente entrevista con una propuesta escrita. Si lo despreciaban porque no llevaba la propuesta financiera, en lugar de ofenderse, preparaba los números para el siguiente restaurante. ¡Hasta que en la entrevista 1.023 le aceptaron su propuesta! ¡Le dijeron 1.022 veces que NO!

Sanders no se quedó en la frustración, desesperanza o sentimiento de víctima, sino que mantuvo su meta clara, su inquebrantable determinación y cada NO lo recibia como información para mejorar, la cual usaba para ajustar su próxima presentación.

Esto es lo mismo que tal vez hiciste cuando lograste metas importantes en tu vida. Tenías una meta clara, fuiste persistente, escuchaste con apertura las opiniones de otros y fuiste flexible para hacer los cambios y ajustes, siempre manteniendo la buena actitud y el foco.

 ¿Qué harías diferente si cada «no» lo vieras como una oportunidad de mejora? ¿Cómo podrías reinterpretar esa situación negativa como una oportunidad? ¿Qué acción específica realizarías ahora basándote en esta nueva perspectiva?

### Activa tu radar para alcanzar metas

Todos tenemos un radar en el cerebro, entonces, ¿qué ocurriría si pudieras programarlo para encontrar justo lo que deseas, ya sea éxito en los negocios, mejores relaciones o simplemente paz mental? La clave está en cómo entrenas tu sistema de activación reticular (SAR).

¿Alguna vez has notado que cuando piensas en comprar un coche rojo de repente ves coches rojos por todas partes? Ese es tu sistema de activación reticular (SAR) en acción. Este sistema actúa como un filtro mental que decide qué información es importante, enfocando tu atención en lo que consideras relevante. Lo descubrieron Giuseppe Moruzzi y Horace Magoun en 1949, como dato curioso.

Tu GPS también te puede proteger y advertirte de algo o alguien. Crecí en Colombia durante una época violenta marcada por la guerrilla, que secuestraba, y por Pablo Escobar, quien hacía explotar bombas en cualquier parte, así que mi GPS estaba programado para detectar peligros.

**201**

Aprendí a estar alerta y a identificar amenazas. Hoy, años después, vivo en Orlando, cerca de Disney. Las explosiones que escucho todas las noches no son peligrosas, sino fuegos artificiales, pero mi mente aún no puede dejar de estar alerta.

Por los próximos 60 segundos, busca objetos azules a tu alrededor. ¿Cuántos viste? Ahora imagínate que usas ese mismo enfoque para encontrar oportunidades en tu día a día o pregúntate cómo puedes convertir este problema en una oportunidad.

Cuando tenía 68 años, recibí la visita de una sobrina muy querida y de su esposo, quien era un joven triatlonista. En la conversación, se me ocurrió preguntarle si un viejo como yo, que nunca había hecho ejercicio con disciplina en su vida, podría correr una triatlón. Me tardé en hacerle la pregunta porque pensaba que era una estupidez. Sin embargo, entre más me contaba, más me entusiasmaba. De pronto, le solté con vergüenza e inseguridad mi pregunta. Él se quedó mirándome con sorpresa y con gran gentileza me contestó:

–Carlos, da el primer paso, pues nunca vas a estar listo en tu cabeza. Si te das tiempo y entrenas con paciencia y disciplina, te vas a sorprender de lo que puedes hacer.

Para mí, era un proyecto enorme. Tenía grandes dudas de si podría lograrlo, pero quería hacer lo posible, así que comencé a montar en bicicleta en segmentos de media hora, a nadar unas pocas piscinas cada día y a correr despacio por períodos de 15 minutos, ya que conocía la capacidad de mi cuerpo. Mi sobrino me ayudó sin presionarme, a ir paso por paso, y gradualmente fui aumentando mi desempeño.

Un año después, a los 69, participé en mi primera triatlón, en la categoría de spring: 750 metros nadando, 20 kilómetros en bicicleta y 5 kilómetros corriendo. Nunca lo hubiera creído posible. No esperé a estar listo; simplemente di el primer paso, luego el segundo y el tercero, con pasión, escuchando a mi cuerpo y a mi coach. Mantuve el foco y no solo completé la carrera, sino que cambié mi actitud hacia el deporte, cosa que a mi edad es un recurso increíble para mantener la salud.

Si entrenas tu mente para buscar oportunidades, soluciones y crecimiento, tu SAR te ayudará a encontrarlas. Si, por el contrario, lo programas para buscar problemas, desafíos y errores, se volverá experto en eso también.

Piensa en una madre que duerme profundamente mientras su bebé enfermo está en la habitación de al lado. Los ruidos del exterior, el televisor encendido... nada la despierta. Pero cuando su bebé tose, ella salta de la cama. ¿Por qué? Porque su cerebro está programado para detectar ese sonido en particular. Lo mismo sucede con nuestras metas. Si las definimos con claridad, nuestro cerebro se ajusta para notar los recursos y las personas que pueden ayudarnos a alcanzarlas.

Un ejemplo común es cuando vamos de compras sin una lista clara. Pasamos horas en las tiendas y volvemos a casa sin nada o con cosas que no necesitamos. ¿Por qué? No le dimos a nuestro SAR una dirección.

Por otra parte, tu cerebro responde directamente a las preguntas que le haces, así que en lugar de preguntarte

«¿por qué no puedo hacerlo?», cambia la pregunta a algo más útil, como «¿qué cualidades o recursos tengo para lograr esto?» o «¿cómo puedo mejorar?» y verás cómo tu SAR te ayuda a enfocarte en soluciones y oportunidades.

¿Cuál es el resultado de las respuestas que te dará tu SAR si le haces estas preguntas?

• ¿Cómo puedo convertir este problema en una oportunidad para mí?

• ¿Cómo puedo encontrar lo mejor en esta situación?

• ¿Qué experiencias de mi pasado me podrían ser valiosas en estos momentos?

• ¿Cómo hago para aprender esto más rápido?

• ¿Cómo puedo comprar esta casa si no tengo crédito bancario?

Si le haces a tu SAR estas preguntas, también te responderá:

• ¿Por qué soy tan de malas?

• ¿Por qué no le gusto a la gente?

• ¿Por qué a mí siempre me pasa eso?

• ¿Por qué a mí me cuesta tanto todo?

Descubre más recursos valiosos
misrecursos.org

Entrenar a tu SAR diariamente es sencillo: cada vez que te enfrentes a un desafío, pregunta «¿Cómo puedo hacerlo mejor?», «¿Qué puedo aprender de esta situación?» o «¿Cómo puedo crecer a partir de este error?». Al reformular tus preguntas hacia soluciones, tu SAR se enfocará en detectar los recursos y oportunidades necesarios para avanzar, convirtiéndose en tu mejor aliado en la resolución de problemas.

**205**

# TENGO ANGUSTIA
## *PORQUE TENGO PROBLEMAS,*

# CREO PROBLEMAS PARA JUSTIFICAR MI ANGUSTIA

Durante el día de hoy, elige una meta clara que quieras alcanzar: quizás sea mejorar tus finanzas o fortalecer una relación. Repite esta meta en tu mente varias veces y empieza a buscar, activamente, señales o recursos que te acerquen a ella. Tu SAR comenzará a enfocarse en lo que has decidido que es relevante.

🖊 ¿Tienes programado tu SAR para detectar oportunidades o problemas? ¿Cuáles son las preguntas que te haces cuando tienes un problema? ¿Cómo podrías 'reprogramar' tu enfoque para buscar oportunidades en una situación similar en el futuro?

¿Qué preguntas te haces a diario y cómo están influyendo en los resultados que obtienes? Identifica las tres preguntas más frecuentes que te haces y reformula una de ellas para que se oriente más hacia las soluciones que deseas. Comprométete a aplicar esta nueva versión durante una semana y observa cómo afecta tus resultados.

¿Estás entrenando tu mente para encontrar lo que amas o lo que temes? Identifica un área de tu vida donde tiendes a enfocarte en lo que temes. ¿Qué práctica diaria podrías implementar para entrenar tu mente a buscar lo que amas en esa área?

**Conoce la historia de Marcela, | *EPISODIO 482***

quien aprendió a usar su Sistema de Activación
Reticular (SAR): y activó su SAR al enfocar su
mente en ahorrar el 40% de su salario y en buscar alternativas para invertir. Su obsesión con su
meta la hizo ver oportunidades (como el fideico-
miso) donde otros no las ven. Al decirse a sí misma: "Soy inversionista profesional", cambió su identidad y
atrajo soluciones para concretar sus objetivos.

# PREGUNTAR ES LA MANERA MÁS SENCILLA *DE APRENDER, CRECER Y SER MÁS FELIZ*

CAPÍTULO 7

# El arte de encontrar equilibrio y propósito

## ESCUCHA Y AJUSTA CONSTANTEMENTE

¿Cómo manejas el feedback, la retroalimentación? El coronel Sanders fue rechazado más de 1.000 veces, pero escuchaba cada crítica con atención y la utilizaba para ajustar su estrategia. Sabía que la flexibilidad era clave para alcanzar el éxito. Así pues, es importante que no te tomes las críticas como ataques personales. Escucha lo que te dicen y usa esa retroalimentación para mejorar la próxima vez.

🖉 Piensa en dos personas de tu trabajo y dos de tu familia y responde lo siguiente: ¿cuál fue tu actitud la última vez que recibiste una crítica incómoda? ¿La utilizaste para crecer o la rechazaste? ¿Cómo podrías aprovechar mejor ese tipo de retroalimentación la próxima vez? ¿Qué preguntas te harás a ti mismo para extraer valor de cada retroalimentación?

### ¿Las personas sienten que realmente las escuchas?

Yo pensaba que sabía escuchar. Solía decir en mi trabajo «cualquiera puede venir a decirme lo que quiera, pues siempre estaré dispuesto a escuchar». Y lo hacía, pero había un problema:

interrumpía a la gente. Hacía preguntas directas, a veces rudas, buscando obtener respuestas rápidas y concretas, pero sin detenerme a entender lo que realmente sentían quienes me hablaban. Mi enfoque estaba en los hechos, no en las emociones.

Esto me parecía lógico. Había aprendido que ser eficiente significaba ser rápido. En un mundo ideal, las personas darían información clara y directa, pero los seres humanos no funcionamos así. Como resultado de esto, las personas me temían. Me decían lo que yo quería oír, no lo que realmente pensaban. Me percibían como arrogante, duro e insensible.

Lo peor es que dejaban de contarme los problemas cuando eran pequeños, esos que hubieran sido fáciles de resolver antes de que se hicieran grandes. Como resultado, perdí a gente valiosa de mi equipo simplemente por no escuchar.

🖊 ¿Es fácil para tus compañeros de trabajo decirte algo que no les gusta de ti o de lo que haces? Si la respuesta es no, ¿qué acción concreta podrías tomar esta semana para fomentar un ambiente más abierto a la retroalimentación?

🖊 ¿Crees que estás escuchando, pero en realidad no lo haces? A menudo, no son las palabras, sino los pensamientos y actitudes internas las que crean desconexión en tus relaciones. Califícate del 1 al 5 en cada uno de los siguientes aspectos según cómo realmente te identificas. Basa tu calificación en lo que sientes en tu interior, no en lo que dirías en voz alta. Sé completamente sincero contigo.

**AUTOEVALUACIÓN:** ¿ESCUCHAS CON
# SIMPATIA O ANTIPATIA?
*SELECCIONA A UNA PERSONA Y CONTESTA TODAS ESTAS PREGUNTAS*

| MI ACTITUD NEGATIVA | CALIFICA DE 1 A 5 | DESCRIPCIÓN *EJEMPLOS* | ¿CON QUIÉN LA MANIFIESTO? *EJEMPLOS* |
|---|---|---|---|
| ☞ Arrogancia. | | ☞ Creo que mi opinión es la única válida. | |
| ☞ Defensiva. | | ☞ Me siento atacado constantemente. | |
| ☞ Desprecio. | | ☞ No valoro lo que dice la otra persona. | |
| ☞ Ausencia Mental. | | ☞ Estoy distraído al escuchar. | |
| ☞ Desconfianza. | | ☞ Dudo de las intenciones del otro. | |
| ☞ Miedo. | | ☞ Temo ser juzgado o fracasar. | |
| ☞ Impaciencia. | | ☞ Quiero respuestas rápidas. | |
| ☞ Falta de acción. | | ☞ No actúo cuando es necesario. | |
| ☞ Rendirse Fácilmente. | | ☞ Creo que nada funcionará. | |
| ☞ Perfeccionismo. | | ☞ Nada es lo suficientemente bueno. | |

*Instrucciones:*

**1. Califícate del 1 al 5** en cada aspecto según cómo te identificas realmente.

**2. Pide a alguien cercano** que también te califique en la columna correspondiente.

**3. Reflexiona sobre las actitudes** que identificas y cómo impactan tus relaciones.

### Resultados

**1-** Reflexiona sobre cada aspecto en el que tu calificación fue menor a 3 y pregúntate: ¿Qué precios has pagado en tu vida?

**2-** Observa tus pensamientos y emociones cuando te descubras escuchando de esa manera y pregúntate si tienen que ver con la realidad de ese momento.

**3-** Si una persona te da una calificación baja en un aspecto diferente a la tuya, puedes hacerle la misma pregunta a otros cercanos y tener más claridad de cómo te están percibiendo.

Descubre más recursos valiosos
misrecursos.org

### Cómo incorporar una perspectiva externa

Ahora que te has evaluado, piensa en alguien que te conozca bien. ¿Cómo crees que esa persona te calificaría en estas áreas? ¿Las personas piensan que les das el espacio necesario para expresarse? ¿O sienten que, cuando te hablan, tú ya has tomado una decisión sin escuchar realmente lo que quieren decir?

¿Cómo te perciben los demás cuando intentan compartir sus pensamientos contigo? Pídeles retroalimentación honesta a tres personas cercanas sobre cómo te perciben al compartir sus pensamientos. Basándote en sus respuestas, ¿qué comportamiento específico podrías modificar para mejorar tu capacidad de escucha?

Hay algo muy importante que debes entender en este proceso y es que escuchar con empatía no significa estar de acuerdo siempre con lo que te dicen. Significa darle al otro el espacio y el respeto necesarios para que se comunique. Es estar presente no solo para lo que dicen, sino también para lo que no dicen. Escuchar con empatía es cuidar la relación y crear un ambiente de confianza donde las personas puedan ser sinceras.

### *El arte de escuchar al mensajero: convierte la crítica en crecimiento*

Imagina que estás en una obra de teatro y alguien grita:
—¡No te escucho!
¿Ajustarías tu volumen o ignorarías el comentario?
Así funcionan. Las críticas son valiosas, aunque duelan. Si muchas personas te señalan lo mismo, hay algo importante que aprender. Esperar solo elogios limita tu crecimiento, pues escuchar solo lo que deseas, desconecta a quienes quieren ayudarte con honestidad.

Un día, un colega me dijo que mi liderazgo era controlador. Mi reacción fue defensiva, pero, al reflexionar, entendí que mi búsqueda de excelencia me llevaba a microgestionar. Al aceptar la crítica, aprendí a delegar y confiar, mejorando el ambiente laboral.

Con esto en mente, te invito a hacer el desafío del regalo lija. Reflexiona sobre una crítica reciente que te hayan hecho y analiza cómo reaccionaste ante ella. Pregúntate cuál es el aprendizaje oculto que puedes extraer de esa experiencia y luego piensa en un paso concreto para aplicar lo que has aprendido en tu vida diaria.

🖉 ¿Qué lección valiosa te ha dejado esa crítica reciente? ¿Qué «regalo lija» has estado evitando abrir? ¿Cómo puedes practicar la escucha abierta en tu próxima conversación?

Recuerda, cada crítica es una oportunidad para crecer y aprender. ¿Estás listo para aceptar este desafío?

### El peligro de no escucharnos en familia

La psicóloga Sue Johnson, creadora de la terapia centrada en las emociones, explica que una de las principales causas de las rupturas matrimoniales es la desconexión emocional. En muchas relaciones, las parejas no son conscientes de esta desconexión hasta que una de las partes ya se siente incapaz de continuar. ¿La razón principal? Falta de escucha y validación emocional.

Cuando no nos sentimos escuchados, podemos alejarnos emocionalmente, lo que crea un vacío que con el tiempo puede hacer que una de las partes busque soluciones fuera de la relación. Este problema no se limita solo a las parejas, sino que también afecta las relaciones familiares, incluidas las que tenemos con nuestros hijos.

Un estudio sobre adicciones en adolescentes reveló que los padres pueden tardar hasta dos años en reconocer que su hijo tiene un problema de adicción. Este es un claro ejemplo de cómo hablar no es lo mismo que escuchar.

No se trata solo de hacer preguntas, sino de comprender lo que no se dice.

Te cuento una experiencia personal que me hizo reflexionar profundamente sobre esto. Un día, mi hija de 9 años llegó del colegio, y le pregunté:

–¿Cómo te fue?

Con una sonrisa, me respondió:

–Papi, ¿me preguntas porque quieres que te diga «bien» y que así puedas hacer otra cosa o porque de verdad quieres saber cómo estoy?

Su respuesta me impactó. Aunque se lo preguntaba todos los días, lo hacía de manera automática y sin prestarle atención a cómo se sentía. No estaba escuchando con empatía.

Escuchar con empatía es más que oír palabras; es prestar atención plena a lo que alguien dice y también a lo que no dice. Significa conectarse emocionalmente con sus sentimientos y necesidades sin interrumpir ni juzgar. Cuando escuchamos de esta manera, mostramos que comprendemos la experiencia del otro, lo que genera un espacio seguro y de confianza.

¿A tus seres cercanos les resulta fácil compartir contigo lo que les preocupa o lo que sienten que no está bien en la relación? Identifica una relación importante y piensa en qué señal clara podrías dar esta semana para mostrar que estás abierto a escuchar sus preocupaciones. Planifica una conversación específica para fomentar esta apertura.

*La Guía Definitiva para Invertir en Familia | EPISODIO 467.* Esta es la historia de una familia que vivía al día, enfocada en trabajar intensamente para cubrir deudas y mantener un estilo de vida cómodo, pero sin planificar financieramente ni ahorrar. A través del compromiso conjunto, transformaron su visión económica y familiar. Lograron pagar su vivienda, convertirla en un activo productivo con 10 apartamentos y un local comercial, y establecer un sistema financiero sólido. Este proceso no solo cambió su economía, sino que también fortaleció los lazos familiares, fomentando una cultura de aprendizaje, disciplina y colaboración.

***La sabiduría del cuerpo: aprende a escuchar lo que ya sabes***
En su libro *La memoria en las células,* Luis Diaz ofrece poderosas reflexiones sobre lo que el cuerpo nos dice y con frecuencia no escuchamos. ¿Recuerdas la última vez que tu cuerpo te dio una señal clara que decidiste ignorar? Tal vez era ese café extra a las 10 de la noche cuando tu cuerpo pedía descanso. O esa reunión que aceptaste cuando tu estómago se tensaba al pensar en ella. O quizás fue ese «sí» que dijiste cuando todo tu ser gritaba «no».

En su libro *El cuerpo lleva la cuenta*, Bessel van der Kolk explica cómo el cuerpo es una fuente constante de información sobre nuestro bienestar emocional y mental. El cuerpo no solo almacena recuerdos de nuestras experiencias, sino que también responde en tiempo real a lo que vivimos, alertándonos sobre posibles desequilibrios o decisiones que no están alineadas con lo que necesitamos.

Tu cuerpo y tu mente están en una conversación constante, pero ¿estás escuchando? En mi caso, aprendí esta lección de una manera difícil. A los 27 años, estaba frente a un auto nuevo que no podía permitirme. Mi mente tejía una historia emocionante: «¡es una oportunidad única!», «¡con este descuento, sería tonto no comprarlo!», «¡todos verán que estás progresando!».

Años después, en una clase de Bikram yoga, con la sala a 45 grados, aprendí una lección que cambiaría mi vida. Mi mente entraba en pánico: «¡vas a desmayarte!», «¡esto es peligroso!», «¡sal de aquí ahora mismo!». Pero mi instructor me dio una perspectiva diferente:

• Ese nudo en el estómago antes de tomar una mala decisión.
• La tensión en el cuello cuando algo no está bien.
• El cansancio inexplicable en ciertas situaciones o con ciertas personas.
• La respiración contenida en reuniones que no deberías aceptar.
• Respiración superficial.
• Pesadez en el pecho.

Ahora, con estas señales en mente, también te voy a enseñar cómo diferenciar el drama mental de la sabiduría corporal. Por una parte, el drama mental suena así:

• «¡Tienes que hacer esto ahora!».
• «¡Todos lo están haciendo!».
• «¿Qué pensarán si dices que no?».
• «¡Es tu única oportunidad!».

Por otra, la sabiduría del cuerpo se siente así:

• Calma o inquietud clara y específica.
• Sensaciones físicas concretas.
• Una certeza silenciosa pero firme.
• Respiración fácil o pesada.
• Energía que fluye o no con facilidad en los proyectos.
• Sensación de expansión o contracción.
• Paz interior o angustia al tomar una decisión.

Además de prestarle atención a lo anterior, te invito a que hagas el check-in de tres preguntas antes de cada decisión importante:

1. «¿Cómo se siente esto en mi cuerpo?».

2. «¿Es mi mente creando drama o mi cuerpo dándome una señal?».

3. «Si mi cuerpo pudiera hablar, ¿qué me diría?».

Algo muy importante del proceso de escuchar de verdad es que celebres los pequeños triunfos de tu camino. Así pues, ¿recuerdas una ocasión en la que seguiste tu intuición corporal a pesar del drama mental? ¿Cómo se sintió tomar esa decisión? ¿Qué resultados obtuviste? ¿Qué aprendiste sobre confiar en tu cuerpo?

Parte de escuchar, también es vivir en el momento presente. Quiero que pienses en una decisión a la que te estás enfrentando ahora mismo y respondas estas preguntas: ¿qué sensaciones físicas surgen cuando piensas en ella? ¿Dónde sientes tensión o paz en tu cuerpo? ¿Qué parte es drama mental y qué parte es sabiduría corporal? ¿Qué paso podrías dar hoy para honrar esa sabiduría?

Para terminar, también es importante que reconozcas las señales que has ignorado para que eso no te vuelva a suceder. ¿Cuál fue la última vez que tu cuerpo te dio una señal clara que ignoraste? ¿Qué sensaciones físicas experimentaste? ¿Qué «razones» usó tu mente para ignorar estas señales? ¿Qué precio pagaste por no escuchar?

Descubre más recursos valiosos
misrecursos.org

 **1. La pausa de 90 segundos**
Cuando enfrentes una decisión:
1. Detente completamente
2. Respira profundamente tres veces
3. Escanea tu cuerpo de pies a cabeza
4. Nota las sensaciones sin juzgarlas
5. Pregúntate: «¿Es drama mental o sabiduría corporal?»

La información y la paciencia te ayudarán a encontrar la respuesta

**2.** El diario de señales
En tu bitácora, registra diariamente:
- Momentos de tensión física y qué los precedió
- Situaciones que te dieron paz corporal
- Decisiones que tomaste y cómo se sintieron en tu cuerpo
- La diferencia entre lo que tu mente decía y tu cuerpo sentía

Tu cuerpo te ha estado enviando señales toda tu vida. No necesitas aprender un nuevo lenguaje, solo necesitas recordar cómo escuchar uno que ya conoces. Cada sensación, inquietud o momento de paz forma parte de una conversación constante entre tú y tu cuerpo. La próxima vez que te encuentres frente a una decisión importante, recuerda: tu mente puede crear historias elaboradas, pero tu cuerpo siempre dice la verdad.

«El drama está en la mente, la sabiduría está en el cuerpo».

### Las adicciones emocionales que padecí sin saberlo

Muchos cargamos con dolores emocionales invisibles. Recuerdo a un participante de uno de mis talleres que vivió con dolor de cabeza durante 35 años sin darse cuenta, hasta que un tratamiento dental lo curó. Este caso me hizo reflexionar sobre cuántos sufrimientos emocionales cargamos sin reconocerlos.

Yo mismo pasé años atrapado en adicciones emocionales, patrones que moldeaban mi vida sin darme cuenta. Mi terapeuta me comparó la adicción al sufrimiento con la adicción al alcohol, algo que al principio me pareció extraño, pero que luego entendí profundamente. Como en mi familia hemos enfrentado el alcoholismo, comprendí que las emociones, como el miedo o el resentimiento, pueden volverse adictivas, creando ciclos de los que es difícil salir.

Tras leer *Deja de ser tú* de Joe Dispenza, entendí que estas emociones generan sustancias químicas que nuestro cuerpo llega a necesitar. Identifiqué siete adicciones emocionales que me mantenían atrapado y reconocerlas fue el primer paso hacia la libertad emocional.

El objetivo no es eliminar estos patrones de inmediato, sino ser consciente de ellos. Identifica el que más afecta tu vida y empieza por ahí. En los próximos capítulos te compartiré las herramientas que uso para trabajar con mis pensamientos y emociones cada día.

### Mi adicción al drama

Sentía que todo era una lucha. Exageraba las situaciones, reaccionaba en exceso y a menudo veía a los demás como si estuvieran en mi contra. No me daba cuenta de que este drama era una forma de sentirme vivo, aunque me aislaba y hería a los demás. Con frecuencia, las personas cercanas a mí, me llamaban «dramático».

Fue un ciclo que me costó romper, pero aprender a aceptar las cosas como son me ha ayudado a encontrar un equilibrio y una paz que antes no conocía.

### Mi adicción al sufrimiento

Todo lo veía como una carga pesada. Cada dificultad la sentía como una tragedia personal y mi dolor parecía insuperable. Me resistía a reconocer que mi actitud hacía más difícil la situación y me cerraba a consejos porque pensaba que los demás no entendían. Este hábito de sufrir intensamente me impedía escuchar consejos o reconocer las cosas buenas que sucedían a mi alrededor. Entendí que mi tendencia al sufrimiento era un hábito, una manera de pensar, y no una «realidad». Me esforcé por observar mis pensamientos y elegí buscar lo mejor para mí en cada situación, así como la forma de pensar que me hiciera más grato y más fácil lograr lo que quería.

### Mi adicción al estrés o a la angustia

Aprendí a creer que una persona productiva siempre debía estar ocupada y preocupada. Vivía en un estado constante de tensión, con pensamientos repetitivos que solo aumentaban mi angustia. Pensaba que el estrés era sinónimo de «responsabilidad», pero hoy sé que puedo ser eficiente sin necesidad de estar agobiado. Romper este ciclo me ha dado un enfoque más sereno para enfrentar mis tareas.

Descubre más recursos valiosos
misrecursos.org

### Mi adicción a los pensamientos tormentosos

Mi mente era un ciclo constante de autocrítica y miedo. Pensaba en el peor escenario de cada situación y era incapaz de imaginar una alternativa positiva. Este hábito de enfocarme en lo negativo no me dejaba reconocer y disfrutar lo que me gustaba de mi vida y afectaba mis relaciones y mi propio bienestar. Hoy en día, trabajo conscientemente para detener esos pensamientos antes de que tomen el control, lo que me permite ver la vida de una manera más equilibrada.

### Mi adicción a las deudas

Crecí pensando que las deudas eran una herramienta normal para manejar el dinero. No importaba cuánto ganara, siempre sufría por mis deudas. Me prometía salir de ellas y recaía de nuevo. Claro, siempre por las razones perfectas que las justificaban, como un buen borracho: «todo está bajo control, yo lo puedo dejar cuando quiera, no es mucho, es la última vez». Este hábito me daba una sensación de urgencia, de estar «haciendo algo», pero también me generaba más preocupación. Entender que el dinero puede manejarse sin recurrir a la deuda fue un alivio y una forma de recuperar el control.

### Mi adicción al mal genio

El mal genio se volvió una respuesta automática para enfrentar cualquier obstáculo. En ocasiones, descubría que había estado irritado durante horas y ni siquiera estaba consciente de mi propio malestar. En medio de mi mal genio, mi irritabilidad y mis reacciones exageradas, mi hijo, de la nada, con frecuencia me preguntaba:

–Papá, ¿estás de mal genio?

Creía que el enojo me hacía «fuerte» y que quienes me rodeaban debían adaptarse. Pero esta actitud solo deterioraba mis relaciones, afectando a quienes más quería. Aprender a reconocer y controlar mis reacciones ha hecho que mis vínculos sean mucho más saludables.

### Mi adicción al resentimiento y al conflicto

El resentimiento se convirtió en una forma de protegerme y justificar mis conflictos y rencores. Guardaba resentimiento por cosas insignificantes y no lo hablaba ni lo perdonaba, generando tensiones innecesarias. Con el tiempo, aprendí que este patrón me alejaba de la paz interior y de los demás. Trabajar en el perdón y en la aceptación del otro, más que por los demás, ha sido un acto de liberación para mí.

Estas descripciones reflejaban patrones adictivos en los que las emociones intensas se volvieron «mi vida normal», mi zona cómoda, afectando no solo mi bienestar, sino también mis relaciones y mi percepción del mundo.

Reconocer estos patrones fue como abrir una puerta hacia un nuevo modo de vida. Cuando escribo en pasado, no quiero decir que haya superado completamente estas adicciones. Todavía tengo que estar consciente de mis pensamientos y emociones, pero cada día me siento más libre. La frase de Byron Katie resume esta idea perfectamente: «todos somos responsables, pero no somos culpables». Tenemos la opción de decidir si seguimos con estas actitudes o si las cambiamos para encontrar paz.

Lo que hace adicto a alguien no es que consuma la sustancia o la conducta, sino el hecho de que eso se convierte en un problema recurrente y costoso para la persona y su círculo cercano.

Byron Katie dice que no somos adictos a las sustancias ni a las conductas, solo a los pensamientos. El primer paso para mí, como en los alcohólicos, fue reconocer que tenía un problema, que yo no era así, sino que era la forma en que manejaba mis pensamientos y emociones, así que necesitaba ayuda para aprender a ser consciente de ellos, manejarlos y no permitir que ellos me manejaran a mí (libros, videos, terapia, coaching...).

### La trampa digital: cuando estar «informado» se vuelve tóxico

Un día, mientras daba un taller sobre manejo de emociones, una participante compartió algo que me hizo reflexionar profundamente.

–Carlos –me dijo–, me di cuenta de que pasaba tres horas diarias viendo noticias sobre la guerra, el crimen y la política. Creía que era mi deber estar informada, pero solo conseguía sentirme ansiosa, enojada y deprimida. Era como si necesitara esa dosis diaria de indignación y miedo.

#### Mi propia adicción a la «información»

Yo mismo caí en esta trampa. Con la intención de «estar actualizado», pasaba horas scrolleando noticias y redes sociales. Lo justificaba diciendo que necesitaba estar informado para mi trabajo, mis charlas y para ser un «ciudadano responsable», pero la verdad era otra: me había vuelto adicto al drama digital.

Cada mañana, antes de levantarme, ya estaba consumiendo noticias negativas. Durante el día, revisaba constantemente las actualizaciones. Por la noche, me dormía viendo más «información». Sin darme cuenta, había convertido mi mente en un vertedero de tragedias, conflictos y dramas ajenos.

Repetía una y otra vez la misma noticia dolorosa o dramática y buscaba detalles que con frecuencia eran tormentosos. Para que tú puedas identificarlos, te nombraré cuáles fueron los síntomas que identifiqué durante mi intoxicación digital:

• Me sentía ansioso si no revisaba las noticias cada hora.
• Discutía con extraños en redes sociales sobre temas que no podía controlar.

• Me molestaba por situaciones que sucedían en otro país.

• Compartía información negativa sin verificar, alimentando el ciclo del miedo.

• Me dormía pensando en problemas globales que no podía resolver mientras descuidaba lo que podía atender de mi propia vida.

Entonces, la revelación llegó cuando mi hijo me dijo:

–Papá, antes jugabas conmigo por las mañanas. Ahora solo miras tu teléfono y te enojas con las noticias.

Fue como un baldado de agua fría. Mi «deber de estar informado» se había convertido en una excusa para alimentar las adicciones emocionales que ya mencioné antes.

Con eso en mente, decidí hacer un experimento: limité mi consumo de noticias a 15 minutos, dos veces al día. También eliminé las notificaciones y dejé de seguir cuentas que alimentaban el drama y la negatividad. Los resultados fueron sorprendentes: dormía mejor, tenía más energía, me sentía más presente con mi familia, mi creatividad aumentó y mi paz mental regresó. No dejé de estar informado, sino que simplemente dejé de estar intoxicado.

Hoy entiendo que estar verdaderamente informado no significa estar todo el tiempo conectado al drama global. Es tener la sabiduría para filtrar lo que realmente necesito saber, mantener límites saludables con la información, priorizar mi paz mental y la de mis seres queridos y enfocarme en lo que puedo cambiar en mi entorno inmediato.

Ahora quiero hacerte algunas preguntas sobre tu relación con las noticias.

✐ En cuanto a tu motivación real, ¿qué buscas realmente cuando te sumerges en las noticias? ¿Es información útil o una forma de alimentar emociones como la rabia, el miedo o la indignación? ¿Qué vacío o inquietud estás intentando llenar con el consumo constante de información?

✐ En cuanto al impacto emocional que tienen en ti, la próxima vez que revises las noticias, detente y observa: ¿Qué sensaciones físicas experimentas? ¿Qué emociones surgen? ¿Cómo cambia tu estado de ánimo? ¿Cómo afectan las noticias tu interacción con los demás?

✐ Con respecto a tus patrones de consumo, ¿notas alguno? ¿Buscas más noticias cuando sientes ansiedad? ¿Las consultas para justificar tus miedos o prejuicios? ¿Las usas para alimentar tus resentimientos?

✐ Responde con honestidad: ¿Las noticias que consumes te están ayudando a crear la vida que quieres o te están dando excusas para mantener los patrones emocionales que te hacen daño?

✐ Durante la próxima semana, pasa un día sin ver noticias y observa la diferencia en la calidad de tu día y reconoce si mejoró tu bienestar emocional.

El propósito de este ejercicio sobre adicciones emocionales es tomar conciencia de ellas. Por ejemplo, cuando descubrí mi adicción a las deudas, mi reacción inicial fue de irritación y defensiva: «No tengo deudas porque quiero, sino porque me toca.». Pero con el tiempo entendí que estos patrones no solo perjudicaban mi estabilidad financiera, sino también mis relaciones y mi bienestar emocional.

Del mismo modo, mi tendencia al mal genio dañó mis relaciones más cercanas. Pasaba días irritado sin darme cuenta, hasta que alguien me preguntaba: «¿Por qué estás de mal genio?» Reconocer estos patrones fue el primer paso para liberarme de ellos.

**1. Reconoce que la conducta o hábito te está haciendo daño.** Admite honestamente que este patrón emocional está afectando tu vida y a quienes te rodean.

**2. Haz un inventario de los problemas que te ha causado.** Reflexiona sobre cómo este hábito ha afectado tu bienestar emocional, tus relaciones y tus metas personales.

**3. Identifica y escribe los patrones de pensamientos y emociones antes o durante la acción.** Pregúntate: «¿Qué pienso y siento justo antes de caer en este hábito?»

**4. Si lo consideras necesario busca apoyo externo.** Considera recibir coaching, terapia o unirte a grupos de apoyo. También puedes aprender más sobre el tema mediante libros, videos o podcasts.

**5. Reconoce y discúlpate con las personas a quienes has afectado.** Expresa genuinamente tu arrepentimiento y trabaja para reconstruir esas relaciones.

**6. Pide a tus cercanos que te den retroalimentación.** Pídeles que te alerten cuando perciban que estás cayendo en este hábito. Comprométete a escuchar sin asumir una actitud defensiva.

**7. Reconoce y valora tus logros.** Celebra cada pequeño paso que logres para romper este hábito.

**Evita problemas: decide que tu paz mental es lo más importante.** ¿Qué prefieres? ¿Tener la razón o estar en paz?

Esta pregunta parece simple, pero tiene el poder de cambiar completamente cómo te enfrentas a la vida. A menudo nos quedamos atrapados en discusiones o frustraciones porque queremos demostrar que tenemos razón, pero ¿qué pasaría si en lugar de aferrarnos a ese impulso eligiéramos la paz? ¿Cómo cambiaría nuestra experiencia diaria?

¿Cómo serían tus días si cada mañana te dijeras «hoy voy a hacer lo mejor que pueda para lograr lo que quiero? Sé que tendré desafíos y frustraciones, pero mi foco es tomar cada decisión pensando en mi prioridad de mantener o recuperar mi paz y serenidad».

Con eso en mente, ¿qué conversaciones evitarías? ¿Qué acciones has postergado y realizarías hoy? ¿Cómo cambiarían tus relaciones? ¿Qué pensamiento tormentoso dejarías de alimentar?

 Piensa en qué precio estás pagando por mantener una actitud que sabes que no te ayuda a crear la calidad de relaciones o de vida que quieres. ¿En qué «batallas» de tu vida estás ganando la discusión, pero perdiendo la guerra de tu felicidad y maltratando tus relaciones?

# LO DIFÍCIL Y DOLOROSO DE MI PASADO *ME DESTRUYÓ Y ME HIZO INFELIZ...*

## LO DIFICIL DE MI PASADO ME FORTALECIÓ

*ME HIZO FLEXIBLE Y RECURSIVO*

*¿CUÁL VERSIÓN **ELIJO CREER?***

***La paradoja de la paz: ¿resolver problemas te hará feliz?.***
¿Alguna vez has pensado «seré feliz cuando...»? Si es así, podrías estar cayendo en la trampa más común de la búsqueda de la felicidad.

Durante años, pensé que resolver mis problemas me traería paz, pero estaba equivocado. No sentía angustia porque tenía problemas, sino que creaba problemas para justificar mi angustia. Creía que eliminar mis problemas me daría tranquilidad, pero lo que descubrí es que la paz no viene del exterior, sino de cómo elijo vivir internamente.

 🖉 Recuerda un momento en el que experimentaste paz a pesar de una situación difícil. ¿Qué hiciste diferente?

***Disfruta de tu paz ahora, no después***
La verdadera paz no es algo que logras cuando todo está «perfecto». Como dice Eckhart Tolle la paz llega cuando te conectas con el momento presente en lugar de enfocarte en los problemas mentales.

Piensa en los instantes en los que te distraes de un problema y, por un segundo, te olvidas de él. En esos momentos, aunque el problema no se haya resuelto, no sufres. Puedes sentir miedo o inseguridad, pero también puedes conectar con tu coraje y serenidad. Es como el guerrero samurái: lucha con todo su ser y está siempre alerta, pero lo hace desde un estado de serenidad. Su verdadera fortaleza es mantener la calma incluso en medio el caos.

Te voy a proponer un ejercicio, pues la paz no es un destino, sino un camino. Durante una semana, al final de cada día, escribe en tu bitácora:

**1.** Un momento de las últimas 24 horas en que elegiste conectarte con la paz y serenidad aunque para ti la situación era difícil.

**2.** ¿Cómo te sentiste en ese momento?

**3.** ¿Qué beneficios lograste obtener al elegir mantener tu serenidad y tu paz?

**4.** ¿Como cambiarían tus días y tus relaciones si practicas para mantener tu serenidad y tu paz?

### ¿Sientes que estás en una trampa sin salida?

A veces la vida parece darte una mano de cartas que no puedes jugar. Pero ¿y si pudieras ver esas cartas de una manera completamente diferente, transformando el obstáculo en una oportunidad?

Cuando Aura María nació, su madre, Aura, se enfrentó a una noticia devastadora.

–Tenía 32 años y dos hijas más, una de 3 y otra de 5. El día después del parto, el médico levantó el brazo de mi bebé, lo soltó y cayó inerte. «Tiene síndrome de Down» me dijeron.

Aura no entendía lo que eso significaba.

–Al principio, veía a mi hija perfecta, pero luego noté los rasgos. Me hundí en la desesperación. Pensaba que estaría postrada en una cama toda su vida. Durante casi un año busqué culpables. ¿Fue el cigarrillo? ¿La medicina? ¿El alcohol de mi esposo? Creí que la felicidad para mi familia se había terminado.

–Un día, en el parque, vi a un niño con síndrome de Down jugando alegremente.

Su madre me contó con orgullo que su hijo hablaba, comía solo y comenzaba a leer. Era el más cariñoso de todos.

»Ese día entendí que no serviría seguir buscando culpables –dice Aura–. Podía esconder a mi hija o disfrutarla como lo hacía esa madre.

»Por primera vez, mostré a mi bebé con orgullo. Desde entonces, vi a mi hija llena de posibilidades. Ese cambio de perspectiva unió más a mi familia y nos dio un propósito.

Ahora, a ti, que estás leyendo este libro, te propongo que hagas el ejercicio de la aceptación transformadora:

*1.* Identifica una situación de tu vida que te cause angustia.

*2.* Escribe tres cosas que no puedes cambiar sobre esta situación.

*3.* Para cada una, describe cómo podrías aceptarla y trabajar con ella.

Aura María no pudo cambiar la condición de su hija, pero sí cambió su perspectiva. Al liberar la energía que usaba en el dolor, pudo enfocarse en lo que realmente importaba: construir una vida llena de amor y oportunidades para su hija.

¿Qué nueva posibilidad se abre para ti si decides aceptar plenamente tu situación actual como lo mejor que te hubiera podido pasar?

Tu mayor desafío puede ser el portal hacia tu mayor crecimiento. ¿Qué situación estás dispuesto a aceptar hoy para liberar tu energía hacia un futuro mejor?

***Valora las transformaciones personales que han nacido de tus fracasos***

Mis quiebras, mi divorcio, mis mil estupideces... cada cosa me ha moldeado para convertirme en quien soy hoy.

Las quiebras que tuve me ayudaron a reconocer mi arrogancia, reorganizar mis prioridades y encontrar un mayor equilibrio en mi vida. Aprendí a valorar a las personas cercanas y a ser más agradecido y cuidadoso con lo que la vida me da en cada momento, así como a trabajar más en equipo y a no dejar que la loca de la casa (mis emociones) maneje y tiranice mi vida.

Sentirme rechazado y juzgado por mis errores estúpidos en el manejo del dinero o de mis negocios me ayudó a reconocer que no escuchaba, que no estaba aprendiendo de mis errores y de lo superficial que era con mis relaciones y que me quejaba de que la gente era interesada, cuando yo actuaba igual con los demás.

Mi divorcio me enseñó la importancia de cuidar diariamente mis relaciones, estar presente no solo físicamente, reconocer mis errores, ser más vulnerable y valorar lo que cada persona hace por mí. Nadie está obligado a hacer nada, y toda acción de los demás es un regalo.

Que personas muy cercanas y amadas me dejaran de hablar durante años, me ayudó a reconocer que podía amar y aceptar lo que era, que no necesitaba de nadie para estar en paz conmigo y que podía amar sin controlar.

 🖉 Recuerda un «fracaso» en tu vida y haz una lista de los regalos inesperados que te ha dado. ¿Qué lección clave has aprendido sobre cómo sacarle lo mejor a los «fracasos»? ¿Cómo aplicarás esta lección con el próximo desafío al que te enfrentes?

 🖉 ¿En qué forma ese fracaso te ha ayudado a convertirte en una mejor persona y por qué valoras esa transformación?

Descubre más recursos valiosos
misrecursos.org

*CADA PERSONA
EN TU VIDA PUEDE
SER UN MAESTRO
O UN TORMENTO:*
**TÚ DECIDES EN
QUIÉN CONVERTIRLA.**

# PARTE CUATRO

# TRANSFORMA TUS PROBLEMAS EN CONEXIONES PROFUNDAS

### LOS NUTRIENTES PARA TUS RELACIONES:

*La metáfora del jardín: tus relaciones son como plantas que necesitan cuidado*

¿Te has preguntado por qué las relaciones se vuelven monótonas y pierden la magia de los primeros días?

Recuerda cuando comenzaste esa relación que te ilusionaba. Quizás pensabas con anticipación en qué le gustaría a esa persona para sorprenderla; te adaptabas a lo que le gustaba;

si hacía algo que te molestaba, te armabas de paciencia y comprensión; estabas presente de cuerpo y alma cuando te encontrabas en su compañía; disfrutabas los detalles; te reías por todo, y el tiempo pasaba volando.

¿Cómo eras cuando aceptaste ese trabajo nuevo? ¿Qué actitud tenías con tu nuevo jefe o compañeros? Quizás buscabas ayudar a quien podías, dabas las gracias si alguien te ayudaba y te esforzabas para crear un buen ambiente.

Durante años, yo me veía como un buen padre. Hacía todo lo posible por darle lo mejor a mis hijos y pasar tiempo con ellos. Pero cuando llegaba a casa agotado, mi mente seguía en el trabajo. Estaba con mi familia de cuerpo, pero no presente de verdad. Solo cuando mis hijos crecieron fui consciente del tiempo precioso que perdí al no disfrutarlos con mayor determinación y dejar de lado mis pensamientos de trabajo o los problemas que ahora ni siquiera recuerdo.

Con mi madre quería ser un buen hijo. La trataba bien, procuraba darle lo mejor que podía, pero cuando la visitaba, apenas la escuchaba. Le dedicaba tiempo de mala gana, pensando que yo sabía mejor lo que ella necesitaba. Incluso cuando aceptaba sus pequeños gestos, lo hacía como si le estuviera haciendo un favor. No me conectaba con el amor y la gratitud que realmente tenía por ella. Cuando escribo esto, yo mismo me sorprendo porque en realidad no me daba cuenta de lo que estaba haciendo. Lo veo con nostalgia, hoy que mamá ya no está conmigo.

Cumplía con mi rol de padre, esposo, hijo y hermano, pero en realidad no disfrutaba el amor de mi familia. No agradecía lo que hacían por mí, los juzgaba en silencio y, aunque no lo expresara, me alejaba emocionalmente.

Lo curioso es que me sentía un buen esposo, padre e hijo. Aunque en mi cabeza estaba peleando con ellos, Pensaban que mi silencio era consecuencia del estrés laboral. Y, te lo juro, eran las personas más importantes de mi vida. Habría hecho cualquier cosa por ellos y les di lo mejor que pude en muchos aspectos, pero no siempre les di lo mejor de mí.

A menudo creemos que nuestras relaciones son «buenas» solo porque cumplimos con nuestras responsabilidades. Pensamos que eso es suficiente para demostrar cariño, pero es una verdad a medias. Si esperamos un «momento especial» para expresar lo que sentimos, tal vez ese momento nunca llegue.

En el libro *Paula,* Isabel Allende narra su experiencia al lado del lecho de muerte de su hija, Paula: «me reproché las veces que estuve angustiada por cosas que parecían de vida o muerte y de las cuales ni siquiera me acuerdo ahora».

Este pasaje del libro es la reflexión de Allende sobre cómo las pequeñas preocupaciones del día a día pueden consumirnos, cuando en realidad, en momentos de verdadero sufrimiento o pérdida, esas angustias resultan insignificantes.

✐ Piensa en tres relaciones importantes para ti, ¿las estás viviendo desde el deber o desde el disfrute y el cuidado mutuo? ¿Qué te falta para pasar del cumplimiento a una conexión más profunda y genuina? ¿Qué acción específica podrías hacer esta semana para cultivar más disfrute y cuidado mutuo en esas relaciones? Establece un plan para implementar este cambio y evalúa su impacto después de una semana.

### Controla tus emociones: el interruptor de tu paz

Imagina que cada mañana te despiertas con una decisión clara: tu paz y tranquilidad serán tu prioridad número uno. ¿Cómo cambiaría la calidad de tu día y tus resultados?

A los 16 años, yo era un estudiante becado en un internado y lidiaba con un profesor que parecía tener como misión hacerme la vida imposible. Por las tardes, teníamos horas de estudio en las que debíamos estar en silencio en el salón. Este profesor se ubicaba detrás de una ventana que yo no veía, esperando mi más mínimo error para entrar gritando y humillarme con castigos frente a mis compañeros. –Está becado, no paga y además no agradece– decía.

Lo increíble es que a mí no me importaba. No sé por qué milagro, pero yo no le daba poder a sus palabras. Me hacía el regañado, pero él sabía que no me afectaba mucho y eso lo enfurecía más. Luego me reía de él con los compañeros. Tal vez era nuestra manera de sobrevivir, pero aprendí que por más que tuviera poder sobre mí, no lo tenía sobre mis sentimientos y era yo quien decidía sentirme bien a pesar de los desafíos.

 ✎ ¿Cómo cambiaría tu respuesta si vieras cada provocación como una prueba de tu paz interior? Piensa en una reciente y cómo podrías verla como una oportunidad de crecimiento. ¿Qué acción concreta tomarías diferente?

Cuando nos sentimos mal por lo que alguien nos dice, le estamos entregando el control de nuestro interruptor emocional. Es como si el otro quisiera que nos sintiéramos mal y nosotros, obedientemente, le cumpliéramos su deseo.

Eckhart Tolle habla del «cuerpo del dolor», esa parte de nosotros que cuando está herida busca herir a otros. Sin embargo, al hacer esto, solo despertamos el cuerpo del dolor en los demás, creando un ciclo de sufrimiento.

 ✎ ¿Qué relaciones podrías mejorar o salvar si dejaras de interpretar las palabras de otros como ataques personales, así lo sean? ¿Esa persona tiene esas actitudes solo conmigo?" Identifica una relación específica donde tiendes a interpretar las palabras como ataques. ¿Qué frase o acción podrías usar para recordarte, mantener tu serenidad en tu próxima interacción? Toma tus decisiones desde tu serenidad y manteniendo el compromiso de tu paz.

¿Qué versión de ti podrías ser si decidieras que nada ni nadie tiene el poder de perturbar tu paz interior? Describe tres características específicas de esta versión serena de ti.

¿Qué acción concreta podrías tomar hoy para comenzar a encarnar cada una de ellas?

Recuerda, como dijo Wayne Dyer, «la paz es el resultado de reentrenar tu mente para procesar la vida como es en lugar de como piensas que debería ser». Tu paz interior es tu superpoder. ¿Estás listo para activarlo cada día?

### De la guerra interior a la paz consciente

Crecí en un hogar donde el amor y el conflicto coexistían. Las peleas, los celos y la tensión eran el pan de cada día. En mi infancia, las discusiones y las reconciliaciones rápidas con mis hermanos me enseñaron a relacionarme desde el conflicto. Esta dinámica se trasladó a mi juventud y mi trabajo, donde reaccionaba impulsivamente ante malentendidos o expectativas no cumplidas. Me tomó años entender que el conflicto constante no era inevitable, sino un patrón aprendido que podía cambiar.

🖉 ¿Cómo tus experiencias tempranas con el conflicto afectan tus relaciones hoy? ¿Qué precio estás pagando por repetir esos patrones?

### 10 estrategias transformadoras para la paz

Estas 10 estrategias poderosas te ayudarán a cultivar la paz interior y armonizar tu vida. ¡Es el momento de transformar tu bienestar desde adentro hacia afuera! Al final de cada punto, te dejaré una pregunta para que te califiques de 1 a 10, siendo 1 nunca y 10 siempre.

**1. La presunción de inocencia.** En lugar de reaccionar defensivamente, doy espacio para entender la intención del otro. Antes solía interpretar el silencio o el comportamiento de alguien como un ataque. Ahora me detengo y pregunto antes de asumir lo peor. Por ejemplo, si alguien no responde un mensaje, en lugar de enojarme, asumo que está ocupado.

¿Preguntas antes de reaccionar?

**2. *Gratitud vs. expectativa*.** En lugar de reclamar, me enfoco en apreciar lo que el otro hizo en vez de enfocarme en reprocharlo, pues no es su obligación hacer nada por mí. Por ejemplo, si mi amigo me llama después de meses, agradezco el gesto en lugar de reprocharle la tardanza.

¿Agradeces más de lo que reclamas?

**3. *La responsabilidad personal*.** Me enfoco en reconocer abiertamente mi parte del conflicto. No puedo controlar al otro, pero sí mis pensamientos y acciones. Por ejemplo, si una discusión se agrava, evalúo qué hice para contribuir al problema y cómo puedo solucionarlo.

¿Reconozco abiertamente mi responsabilidad en los conflictos?

**4. *La paz sobre la razón*.** He aprendido a priorizar la relación sobre tener la razón. En el pasado, defendía opiniones hasta causar daño, pero ahora escucho y respeto puntos de vista diferentes. Por ejemplo, en desacuerdos políticos, mantengo la calma y valoro lo que nos une en lugar de insistir en ganar la discusión.

¿Escucho más para entender que para imponer mi opinión?

**5. *Romper el círculo de dolor*.** Los resentimientos, así sean «pequeños resentimientos con las personas cercanas», solo perpetúa el sufrimiento. Aprendí a no responder desde la rabia y a darme espacio para calmarme antes de actuar. Por ejemplo, si siento molestia, respiro profundamente y espero antes de responder un mensaje que podría agravar la situación.

¿Soy consciente de cómo mi dolor o mi rabia afectan a otros?

**6. *Gestión del drama*.** Evito magnificar los problemas o crear narrativas negativas. Me pregunto: «¿estoy exagerando? ¿Cómo puedo simplificar esto?». Por ejemplo, en lugar de pensar «todo está mal», me enfoco en resolver el problema inmediatamente con serenidad.

¿Tengo fama de ser dramático?

**7. *Distancia saludable*.** A veces, distanciarse es la mejor solución. En momentos de alta tensión, crear espacio permite reflexionar y evitar reacciones impulsivas. Por ejemplo, si una conversación se calienta, propongo retomarla más tarde cuando ambos estemos más tranquilos.

¿Sé cuándo dar espacio en un conflicto?

**8. *Visión a largo plazo*.** Mis palabras de hoy son semillas para mis relaciones futuras. Cuido cómo me expreso, incluso en desacuerdos, para no dañar vínculos importantes. Por ejemplo, en lugar de responder con sarcasmo, elijo un tono calmado que preserve la relación.

¿Considero cómo mis palabras afectarán la relación a largo plazo y al otro a corto plazo?

**249**

**9. *Diferencia vs. guerra.*** Un desacuerdo no tiene que convertirse en una batalla. Valoro lo que me une con los demás incluso cuando pensamos diferente. Por ejemplo, digo «aunque no estamos de acuerdo, respeto tu opinión y nuestra relación».

¿Respeto las diferencias sin extender el conflicto?

**10. *Paciencia y perspectiva.*** Muchas relaciones florecen con tiempo y tolerancia. Aprendí a no esperar resultados inmediatos y a ser flexible en momentos difíciles. Por ejemplo, si un amigo pasa por una etapa complicada, elijo acompañarlo con paciencia y sin presionarlo para cambiar.

¿Soy una persona paciente y comprensiva cuando los demás enfrentan desafíos?

Transformar conflictos en paz es un viaje constante. Evalúa tus áreas de mejora y practica conscientemente una estrategia esta semana. La paz no es la ausencia de conflicto, sino nuestra capacidad de manejarlo con compasión y sabiduría. Para cerrar esta sección, identifica las tres estrategias en las que tuviste las puntuaciones bajas y trabaja en ellas durante los próximos días. Lleva un registro de tus avances y observa cómo cambian tus relaciones.

Descubre más recursos valiosos
misrecursos.org

# CADA UNO APORTA SU GRANO

AQUÍ SE HACE
LO QUE DIGO YO...
Y SI NO LE GUSTÓ...
**PÚDRASE!!!**

AQUÍ SE HACE
LO QUE DIGO YO...
Y SI NO LE GUSTÓ...
**PÚDRASE!!!**

AQUÍ SE HACE
LO QUE DIGO YO...
Y SI NO LE GUSTÓ...
**PÚDRASE!!!**

AQUÍ SE HACE
LO QUE DECIMOS NOSOTROS
Y SI NO LE GUSTÓ...
**PÚDRASE!!!**

### Habla desde el «yo»: una herramienta para la empatía

Cuando enfrentamos conflictos o emociones intensas en nuestras relaciones, es común caer en afirmaciones que comienzan con «tú me haces sentir... » o «tú eres...», lo cual suele generar reacciones defensivas y empeorar el conflicto. En cambio, comunicar desde el «yo» nos permite expresar nuestras emociones de manera respetuosa y efectiva, promoviendo la comprensión y el diálogo.

Decirle a alguien «tú me haces sentir...» implica que la otra persona tiene el control absoluto sobre nuestras emociones, cosa que no es del todo cierta. Además, este tipo de declaraciones pueden ser percibidas como ataques o juicios. Por el contrario, hablar desde el «yo» nos permite asumir la responsabilidad de cómo interpretamos las situaciones y facilita el entendimiento mutuo. Al expresar cómo nos sentimos en lugar de culpar, podemos abrir espacio para el diálogo y la colaboración en vez de la confrontación.

Para hablar desde el «yo», sigue estos consejos:

**1. *Identifica tus emociones.***
Antes de hablar, pregúntate qué estás sintiendo realmente. ¿Es tristeza, frustración, enojo, inseguridad? Reconocer tus emociones es el primer paso para comunicarlas con claridad.

**2. *Describe la situación objetivamente.***
En lugar de señalar con el dedo, describe los hechos de manera neutral y sin cargar la conversación con juicios. Por ejemplo: «cuando no llegaste a tiempo...» en lugar de «siempre llegas tarde...».

**3. *Habla de tu experiencia personal.***
Usa frases que comiencen con «yo» para explicar cómo te afectó la situación. Ejemplo: «yo me sentí ignorado cuando no recibí respuesta a mi mensaje».

**4. *Expresa tu perspectiva con humildad.***
Incluye frases como «así es como lo percibo...» o «esto es lo que me parece, aunque podría estar equivocada». Esto muestra que estás abierto a escuchar el punto de vista de la otra persona.

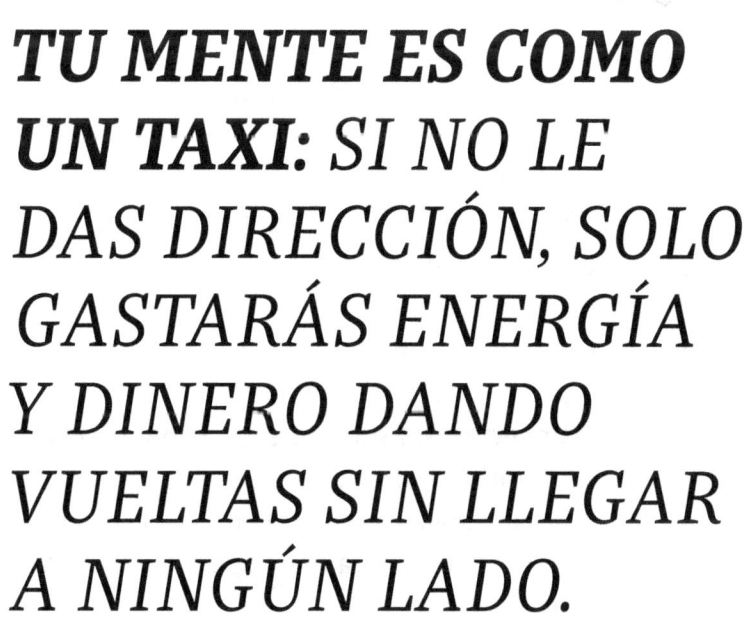

**TU MENTE ES COMO UN TAXI:** *SI NO LE DAS DIRECCIÓN, SOLO GASTARÁS ENERGÍA Y DINERO DANDO VUELTAS SIN LLEGAR A NINGÚN LADO.*

*5. Propón una solución o haz una pregunta abierta.*
Termina la conversación con una invitación a colaborar: «¿cómo podemos manejarlo mejor la próxima vez?» o «¿qué opinas sobre esto?».

Hablar desde el «yo» no solo mejora nuestras relaciones, sino que también nos ayuda a entendernos mejor a nosotros mismos. Esta práctica empodera para expresar nuestras necesidades sin agresividad y construir conexiones más sanas y significativas.

### Ejemplos de conversaciones usando el «yo»
• *En lugar de:* «Tú nunca me escuchas», di: «Yo me siento ignorada cuando intento compartir algo y no recibo tu atención».
• *En lugar de:* «Eres tan desorganizado», di: «Yo me siento estresada cuando las cosas están desordenadas en nuestra casa. ¿Cómo podríamos organizarnos mejor?»
• *En lugar de:* «Siempre te importa más tu trabajo que yo», di: «Yo me siento poco prioritaria cuando dedicas tanto tiempo al trabajo. ¿Podríamos encontrar un balance?»

### Beneficios de esta técnica
• *Reduce la defensividad:* Al evitar culpar directamente, es menos probable que la otra persona sienta la necesidad de justificarse o contraatacar.
• *Promueve la empatía:* Hablar desde tus emociones permite que la otra persona se ponga en tu lugar.
• *Fortalece las relaciones:* Esta técnica fomenta el respeto mutuo y una comunicación abierta y honesta.
• *Te ayuda a tomar responsabilidad:* Reconocer tus emociones y tus interpretaciones evita que dependas de los demás para tu bienestar emocional.

 La próxima vez que enfrentes un conflicto, escribe primero cómo te sientes utilizando declaraciones basadas en «yo». Practica estructurar tus pensamientos siguiendo este modelo:

1. «Yo me siento _____ (emoción).»
2. «Cuando _____ (describe la situación objetivamente).»
3. «Porque _____ (explica por qué esa situación te afecta).»
4. «¿Podríamos _____ (propón una solución)?»

**Por ejemplo:** «Yo me siento frustrada cuando se cambia el plan sin avisarme, porque me gusta organizar mi tiempo. ¿Podríamos hablar antes de hacer cambios la próxima vez?»

Hablar desde el «yo» fortalece nuestras relaciones y fomenta la autocomprensión. Esta práctica empodera para expresar nuestras necesidades sin agresividad y construir conexiones más sanas y significativas.

¿Qué conversación importante podrías tener hoy utilizando esta técnica?

**Relaciones tóxicas: qué son y cómo transformarlas**
El término «relación tóxica» proviene de la psicología y describe los vínculos dañinos que afectan emocional y mentalmente a las personas involucradas. Aunque útil, este concepto ha sido sobredimensionado, llegando a etiquetar cualquier conflicto normal como «tóxico». Entender

qué es realmente tóxico es clave para mejorar nuestras relaciones y evitar juicios precipitados.

Una relación se considera tóxica cuando perpetúa patrones destructivos, como manipulación, control, abuso emocional o físico, dependencia extrema o falta de respeto. Es importante diferenciar entre una dinámica tóxica sostenida y conflictos puntuales que son normales y manejables en cualquier vínculo.

Así pues, no todo lo que nos incomoda es tóxico. A veces etiquetamos de esa forma algunas situaciones que no toleramos por falta de paciencia o empatía. Pregúntate: «¿es un problema continuo o una dificultad puntual que podríamos resolver juntos?». La intolerancia debe distinguirse de los límites sanos que protegen nuestra paz.

Por otra parte, es fácil señalar al otro como el único culpable, pero las relaciones son un intercambio. Reflexionar sobre nuestras propias actitudes es esencial para el cambio. ¿Tiendes a controlar, celar o manipular? ¿Reaccionas impulsivamente con críticas, desprecio o sarcasmo? ¿Buscas validación externa para sentirte bien contigo mismo?

Identificar estas conductas no significa que la relación tóxica sea tu culpa, sino que tienes el poder para modificar lo que depende de ti.

Una característica muy prominente de las relaciones tóxicas es que se nutren de la dependencia emocional. Algunos signos de la dependencia incluyen:

- Miedo excesivo a la soledad.
- Necesidad constante de aprobación o atención.
- Sentir que tu felicidad depende exclusivamente de esa relación.

Aceptar esta realidad te permite dar los primeros pasos hacia la recuperación de tu autonomía y, además, reconocer los altos precios que estás pagando por mantenerte en una relación tóxica sin hacer nada al respecto. Estos costos pueden darse en diferentes áreas:

• *Emocionales:*
Baja autoestima, ansiedad y tristeza constante.
 • *Físicos:*
Fatiga crónica, insomnio o problemas psicosomáticos.
 • *Sociales:*
Aislamiento de amigos y familiares.
 • *Psicológicos:*
Confusión, culpa y dificultad para confiar en futuras relaciones.

Si sientes que estás en una relación tóxica, pregúntate qué precios estás pagando por seguir allí y si vale la pena el desgaste. Para salir adelante, usa estas estrategias:

1. *Establece límites claros.* Define lo que estás dispuesto a aceptar y comunica tus necesidades de forma respetuosa pero firme.
2. *Busca ayuda.* La orientación de un terapeuta o coach puede darte herramientas efectivas para manejar la situación.
3. *Trabaja en ti mismo.* Fortalece tu autoestima, tu independencia emocional y tus metas personales.

**4. *Toma decisiones conscientes.*** Evalúa si la relación puede transformarse o si es mejor dar un paso atrás para cuidar de ti.

A la larga, el verdadero límite no es con la relación, sino con el impacto que tiene en tu bienestar. Si una relación afecta tu paz, tu salud mental o tu crecimiento, es momento de reconsiderarla. Priorizar tu vida no es egoísmo, es autocuidado.

 ✎ ¿Qué comportamiento tóxico estás permitiendo o replicando en tu relación? ¿Qué pasos concretos puedes dar hoy para priorizar tu bienestar y construir vínculos más sanos?

Por último, te comparto dos libros recomendados que te ayudarán a sanar y a crecer:

• ***Ya no seas codependiente*** de Melody Beattie: un clásico para entender la dependencia emocional y aprender a recuperarte de ella.

• ***Los cuatro acuerdos*** de don Miguel Ruiz: un enfoque práctico para transformar tus relaciones liberándote de creencias limitantes y aprendiendo a asumir la responsabilidad de tus emociones.

### El delicado equilibrio: ayudar sin cargas

Imagina que estás en un avión. La azafata da las instrucciones de seguridad:

–En caso de una despresurización, colóquese primero su máscara de oxígeno antes de ayudar a otros.

¿Por qué? Porque si no puedes respirar, no podrás ayudar a nadie más. Esta metáfora del avión nos lleva directamente a la historia de Víctor.

Víctor, el hermano mayor de tres, había construido una carrera exitosa, pero estaba al borde de la ruina financiera. ¿La razón? Durante años había estado «ayudando» a sus sobrinos y hermanos pagando todo, desde la educación hasta las facturas diarias.

–Son mi única familia– me confesó Víctor con una mezcla de orgullo y desesperación en su voz–. ¿Qué más puedo hacer?

# ¿HAS VISTO A ALGUIEN RESENTIDO QUE SEA REALMENTE AGRADECIDO?

# ¿HAS VISTO
# ALGUIEN AGRADECIDO
## QUE VIVA RESENTIDO?

La pregunta clave no es «¿qué más puedo hacer?», sino «¿qué debo dejar de hacer?».

Víctor cayó en la trampa de confundir la ayuda genuina con cargar con responsabilidades ajenas. Estaba tan ocupado poniéndoles máscaras de oxígeno a todos los demás que se estaba quedando sin aire.

🖊 ¿Qué pasaría si dejaras de «ayudar» por un mes? Esta pregunta suele provocar pánico. «¡No puedo hacer eso!», dirán muchos. Pero esa reacción revela mucho sobre la dinámica subyacente.

En el caso de Víctor, al hacerse esta pregunta, se dio cuenta de que su «ayuda» impedía que sus hermanos y sobrinos desarrollaran sus propias habilidades financieras.

🖊 ¿Cómo te está sirviendo esta situación a ti? A primera vista, parece que Víctor solo estaba perdiendo, pero, profundizando, descubrió que ser el «salvador» le daba un sentido del propósito y le aseguraba que su familia siempre lo necesitaría. Víctor enfrentó una verdad incómoda: su generosidad no era completamente altruista. Estaba usando el dinero como una forma de control para asegurarse su lugar en la familia.

🖊 ¿Qué conversación difícil has estado evitando? Víctor evitaba hablar con su familia sobre establecer límites financieros. Temía el rechazo y la posibilidad de perder la conexión con ellos. Pero aquí está la revelación: ¡establecer límites saludables no solo mejora tu bienestar, sino que también puede fortalecer tus relaciones a largo plazo!

Finalmente, Víctor tuvo esa conversación difícil. Al principio hubo tensión y algunos familiares se molestaron, pero con el tiempo sucedió algo sorprendente: sus hermanos encontraron trabajos estables, sus sobrinos aprendieron a administrar su dinero y las relaciones familiares, aunque diferentes, se hicieron más genuinas.

Vamos a hacer un experimento. Identifica una relación en la que sientas que estás «ayudando» demasiado. Pregúntate: ¿Qué pasaría si dejara de hacerlo por un mes? ¿Es realmente ayuda o estoy generando dependencia?. Reflexiona sobre cómo te está sirviendo a ti esa dinámica y luego determina qué conversación difícil debes tener. Al final, planifica cuál será el primer paso pequeño pero significativo que darás para cambiar esta dinámica.

Recuerda, ayudar genuinamente implica empoderar a los demás, no hacerlos dependientes. A veces, el acto más generoso que puedes hacer es permitir que otros enfrenten sus propios desafíos.

### *Maneras de decir «no» sin dañar la relación*

Saber decir «no» de una manera constructiva es esencial para aumentar la seguridad personal y construir relaciones sanas. Aprender a establecer límites claros y respetuosos te ayudará a evitar muchos problemas y complicaciones. Aquí te presento siete maneras de decir «no» que pueden fortalecer tus relaciones en lugar de debilitarlas.

**1. «No, gracias».** Esta respuesta simple y directa establece un límite sin necesidad de justificación. Recuerda una situación en la que dijiste que «sí» cuando realmente querías decir «no» y ahora te arrepientes. ¿Qué lección aprendiste?

**2. «No, gracias. De verdad agradezco tu buena intención, pero no es lo que necesito en este momento».** Este enfoque muestra agradecimiento por la oferta mientras te mantienes firme en tu decisión. ¿Cómo has permitido que las expectativas de otros influyan en tus decisiones y qué puedes hacer para priorizar tus propias necesidades?

**3. «No, gracias, pero te lo agradezco como si lo hubiera recibido».** Una manera cortés de expresar tu gratitud mientras mantienes tus límites. ¿De qué manera tu temor a decepcionar a otros ha comprometido tu integridad y tu seguridad?

**4. «Entiendo tu punto de vista, pero no lo acepto por ahora».** Reconoces la perspectiva del otro, pero dejas claro que ahora no es el momento adecuado para aceptarla.

**5. «No, gracias. Si cambio de opinión, te lo haré saber».** Mantienes la puerta abierta para una reconsideración futura, pero te mantienes firme en el presente.

**6. «Si realmente quieres darme gusto, permíteme decir que no».** Una forma de subrayar que respetar tu decisión es la mejor manera de mostrar apoyo. ¿De qué manera has contribuido a crear dinámicas en tus relaciones, donde sientes la obligación de decir que sí, y cómo puedes redefinir estos límites de manera saludable?

**7. «Te digo que no porque creo que es lo mejor, pero te lo agradezco de verdad».** Afirmas tu decisión como la mejor opción para ambos, pero mostrando aprecio al mismo tiempo.

Cada vez que decimos 'no', nos estamos diciendo 'sí' a nosotros mismos y a nuestros valores. Al practicar estas formas de decir que no, no solo nos estamos cuidando, sino que también estamos fomentando relaciones más auténticas y respetuosas.

 🖊 ¿Qué nuevo nivel de libertad y autenticidad puedes alcanzar en tu vida si te comprometes a decir «no» de manera constructiva cuando sea necesario?

# *HONESTIDAD SIN CONSIDERACIÓN ES AGRESIÓN;* CONSIDERACIÓN SIN HONESTIDAD ES SUMISIÓN

# Relaciones ganar-ganar

¿Alguna vez has sentido que en una relación solo hay dos opciones? O ganas tú o gana el otro. Esta mentalidad nos lleva a pensar que las relaciones son una competencia constante, una lucha de poder. Pero ¿y si te dijera que hay una tercera opción? ¿Una en la que ambos ganan? Este concepto cambió mi vida y lo aprendí de Stephen Covey en *Los 7 hábitos de las personas altamente efectivas.* En una época de mi vida en la que logré mucho éxito empresarial y económico, quería ser el jefe que todo lo controlaba, y como había tenido éxito de la nada, pensaba que era el único que tenía la razón.

Sin darme cuenta, me volví arrogante, autoritario y creía que escuchaba a los demás, pero solo lo hacía para tratar de imponer mi punto de vista. Esto, a la larga, me costó una quiebra y mucho sufrimiento. Yo no pensaba que fuera arrogante ni autoritario, por esto te invito a que hagas esta reflexión con mente abierta. Te podrías evitar muchos problemas.

🖉 ¿Perdiste o maltrataste una relación por no cuidar la manera en que te comunicabas? ¿Con quién podrías estar cometiendo el mismo error hoy? ¿Qué estrategia de comunicación específica implementarás en tu próxima interacción con esta persona para mejorar la situación?

***Liliana y Gary, una pareja de artistas, | EPISODIO 456*** enfrentaron juntos serios desafíos financieros y personales mientras vivían como inmigrantes en Estados Unidos. Perdieron sus ahorros, trabajaron en empleos duros y afrontaron momentos de gran incertidumbre. Sin embargo, su fuerte trabajo en equipo fue clave para superar estas dificultades. Decidieron regresar a Colombia y, aprovechando su intuición y aprendizajes, transformaron su situación. Su experiencia inspiradora demuestra cómo la comunicación, el apoyo mutuo y la colaboración pueden fortalecer no solo las finanzas, sino también la relación de pareja y la familia.

Descubre más recursos valiosos
misrecursos.org

Imagina que estás en la playa jugando a un juego de raquetas. El objetivo no es ganarle al otro, sino mantener la bola en el aire el mayor tiempo posible. Ambos ganan si cooperan. Este es el enfoque ganar-ganar: cuando los dos trabajan juntos, el resultado es mejor para todos.

En *Los 7 hábitos de las personas altamente efectivas*, Stephen Covey habla de dos ingredientes clave para construir relaciones ganar-ganar y del equilibrio entre dos factores esenciales: la honestidad y la consideración. Nos propone un ejercicio revelador:

🖉 ¿Cuál es tu estilo de comunicación? ¿Alguna vez te has preguntado si tu forma de comunicarte ayuda a construir relaciones fuertes o, por el contrario, las debilita? Este ejercicio te ayudará a identificar tu estilo de comunicación con las personas más importantes de tu vida y a trabajar para lograr una dinámica ganar-ganar, donde ambos salgan beneficiados.

Existen cuatro dinámicas comunes en las relaciones. Veamos cómo operan:

**1. *Ganar-perder.*** Una persona se impone sobre la otra. En una discusión laboral, por ejemplo, alguien podría decir: «aquí se hace lo que yo digo». La otra persona cede, pero eso genera resentimiento y deteriora la relación a largo plazo. Esa persona puede ser percibida por los otros como arrogante, agresiva, insensible, dura.

**2. *Perder-ganar.*** Aquí, una persona cede constantemente por miedo al conflicto. En una relación de pareja, alguien siempre dice el eterno «como tú quieras» aunque no esté de acuerdo. El resultado: frustración y distanciamiento. Esa persona puede ser percibida por los otros como sumisa, sin carácter y como que no dice lo que quiere.

**3. *Perder-perder.*** Imagina una separación en la que los dos se aferran al rencor: «si no es para mí, no es para nadie». Nadie gana y todos se hacen daño. Esa persona puede ser percibida por los otros como rabiosa, agresiva, autodestructiva.

**4. *Ganar-ganar.*** La relación ideal que profesa «busquemos la forma en que sea bueno para los dos», así que ambos se benefician. Un ejemplo es una negociación en la que ambas partes logran lo que necesitan. No se trata de ceder, sino de encontrar soluciones creativas y beneficiosas para ambas partes. Esa persona puede ser percibida por los otros como considerada, justa y sensible con el otro.

## ¿CÓMO ACTÚAS CON EL OTRO?

HONESTIDAD: DECIR LO QUE PIENSO
CONSIDERACIÓN: CUIDAR LOS SENTIMIENTOS DEL OTRO

### 1. Instrucciones simplificadas:

Elige tus relaciones:

Identifica al menos **5 personas clave** en tu vida (familiares, amigos, compañeros de trabajo, etc.). Asigna un número a cada persona:

> 1: Mamá
>
> 2: Hermana Juana
>
> 3: Mejor amigo Roberto
>
> 4: Mi jefe
>
> 5: Mi compañero Daniel

**2. Evalúa tu comunicación con cada persona:**
Califica en una escala de 1 a 10 para cada relación:
• **Honestidad:** ¿Cuánto dices lo que realmente piensas o sientes? (1: muy poca honestidad, 10: totalmente honesto).
• **Consideración:** ¿Cuánto cuidas que tus palabras no hieran o molesten al otro? (1: muy poca consideración, 10: extremadamente considerado).

**3. Dibuja el gráfico:**
• Traza dos líneas perpendiculares formando una «L».
• Marca la línea horizontal como Honestidad (de 1 a 10, de izquierda a derecha).
• Marca la línea vertical como Consideración (de 1 a 10, de abajo hacia arriba).
• Divide el gráfico en cuatro cuadrantes:

• **Parte superior derecha:** Ganar/Ganar.
• **Parte superior izquierda:** Ganar/Perder.
• **Parte inferior izquierda:** Perder/Perder.
• **Parte inferior derecha:** Perder/Ganar.

**4. Coloca los puntos:**
Para cada relación, ubica el punto según tus calificaciones de Honestidad y Consideración. Extiende líneas desde los puntos para conectar la evaluación de cada relación.

**5. Interpreta el gráfico:**
Observa en qué cuadrante cae cada relación y reflexiona sobre tu estilo de comunicación.

### Refuerzo práctico: ejemplo completo

**Relación 1:** Mamá
- Honestidad: **9**
- Consideración: **3**
- Ubicación en el gráfico: **Ganar-Perder.**

**Relación 2:** Hermana Juana
- Honestidad: **2**
- Consideración: **9**
- Ubicación en el gráfico: **Perder-Ganar.**

**Relación 3:** Mejor amigo Roberto
- Honestidad: **7**
- Consideración: **8**
- Ubicación en el gráfico: **Ganar-Ganar.**

**Comprométete a mejorar**

**1. Si tu relación está en Ganar-Perder:**

**• Reconoce tu estilo:** Si tu comunicación es dominante o impositiva, es importante reconocer los precios que ambos están pagando.

**• Acciones:**

- Pide disculpas por tu actitud y explícale a la persona que quieres cambiar.

- Pídele que te avise cuando perciba que estás actuando de forma "mandona" o "sabelotodo."

- Escucha más al otro: haz preguntas sinceras para entender su punto de vista.

- Sé paciente: la persona puede no confiar en tu cambio al principio. Demuestra tu compromiso con acciones, no solo palabras.

**2. Si tu relación está en perder-ganar:**

• **Reconoce tu responsabilidad:** Este patrón suele surgir del miedo al conflicto o de una actitud de víctima.

• **Acciones:**

- Da pequeños pasos para expresar lo que piensas mientras mantienes la relación que valoras.

- Suelta el resentimiento: recuerda que el problema es tuyo, no del otro.

- Asume que el otro no cambiará y decide poner límites de forma constructiva.

**3. Si tu relación está en Perder-Perder:**

• **Reconoce los precios:** Reflexiona sobre el daño que esta dinámica causa a ambos.

• **Acciones:**

- Reconoce los desafíos e intereses de la otra persona, pero establece tus propios límites de manera constructiva.

- Acepta que el cambio puede tomar tiempo, e incluso que podrías decidir alejarte.

- Recuerda que tú tienes el poder sobre tus emociones e intereses, no la otra persona.

**4. Si tu relación está en Ganar-Ganar:**

• **Felicítate:** Este es el ideal. Piensas en ti y en el otro de manera balanceada.

• **Acciones:**

- Continúa cultivando esta relación basada en el crecimiento mutuo y el disfrute compartido.

- Reconoce y celebra los momentos en que ambos trabajan juntos para lograr resultados positivos.

**5. Si el otro está en Perder/Perder y tú en Ganar/Ganar:**

• **Mantén tu posición:** A veces, el otro puede estar atrapado en su propia rabia o dolor.

• **Acciones:**

- Di algo como: "No discutamos ahora. Dejemos que las emociones se calmen para no herirnos. Hablemos mañana con calma."

- Al mantener una actitud Ganar/Ganar, puedes evitar caer en el mismo ciclo destructivo del otro.

**Conclusión**

Identificar y mejorar tus estilos de comunicación es un paso clave para construir relaciones sólidas y saludables. Reflexiona, comprométete y celebra tus avances en este camino. ¡El cambio está en tus manos!

**Nota:** Las calificaciones son solo puntos de referencia para reflexionar, no instrucciones definitivas. Cada aspecto y momento tienen un contexto único que puede influir en los resultados.

### El poder transformador del ganar-ganar

Recuerda, cada interacción es una oportunidad para crear una relación ganar-ganar. No se trata solo de evitar conflictos, sino de construir puentes de entendimiento y cooperación. Cuando eliges este enfoque, transformas conflictos en oportunidades de crecimiento, construyes relaciones más fuertes y duraderas, creas un ambiente de confianza y respeto mutuo, aumentas tu efectividad personal y profesional y, lo más importante, disfrutarás más tus relaciones.

La pregunta no es si puedes permitirte adoptar este enfoque, sino si puedes permitirte no hacerlo. Cada vez que eliges ganar-ganar, estás sembrando las semillas de un futuro más colaborativo y satisfactorio.

 ¿Qué relación vas a transformar hoy con el poder del ganar-ganar? ¿Qué acción específica harás hoy para implementar este enfoque? ¿Cómo medirás el éxito de esta acción?

Recuerda, el cambio comienza contigo. No esperes a que el otro cambie; sé tú el catalizador de la transformación. El viaje hacia tener relaciones más saludables y productivas empieza con un solo paso. ¿Estás listo para darlo?

El enfoque ganar-ganar no solo fortalece las relaciones, sino que también fomenta un ambiente de cooperación y confianza mutua. Recuerda que las mejores relaciones se construyen con un equilibrio entre honestidad y consideración, donde ambos trabajen juntos para encontrar soluciones creativas y beneficiosas para las dos partes. ¡Prueba este enfoque y transforma tus relaciones!

### *Límites sanos y gratitud: define tus relaciones*

Durante muchos años, mantuve una relación muy especial con una persona muy cercana de mi círculo familiar. Hice lo más que pude por darle lo mejor, incluso haciendo esfuerzos económicos desproporcionados para mí en ese momento, y todo sin más interés que buscar el bienestar físico y emocional para ella.

La mayoría del tiempo yo no sentía gratitud de su parte. Por el contrario, con frecuencia tenía actitudes hostiles y hablaba mal de mí a mis espaldas. La justificaba y soportaba una y otra vez porque yo era mayor y esa persona estaba creciendo y había tenido una infancia muy difícil. Pensaba que durante mi adolescencia y adultez temprana fui una persona con muchas de las actitudes que veía en ella, entonces decía: «ya crecerá, entenderá y cambiará conmigo».

Cuando creció, las cosas no mejoraron, sino que empeoraron. Para mí, cada vez era más difícil soportar la situación. Lo hacía en aras de la unión familiar y me sentía culpable por alejarme de ella, aunque cada vez que la veía o tenía que comunicarme con ella era un gran esfuerzo para mí.

Con el tiempo, me di cuenta de que esa persona era así conmigo no porque estuviera en mi contra, sino porque esa era su visión de la vida. Así era y había sido con muchas personas, cosa que la mantenía sola, sin progresar y con relaciones complicadas.

Así que decidí distanciarme y dejar de relacionarme con ella. Yo le hablaba cuando ella quería, pero de mi parte hacía lo mínimo. No dejaba de sentirme culpable, pero al final mi esposa Diana me introdujo al concepto de sistémica familiar.

En el marco de la psicología sistémica, Bert Hellinger hace una distinción entre vínculo y relación, conceptos fundamentales para entender nuestras conexiones con los demás. El vínculo es un lazo profundo, casi biológico, que nos une a personas significativas en nuestra vida, como padres o familiares cercanos. Este vínculo es incondicional y no depende de cómo nos relacionemos. Por otro lado, la relación es la forma en que interactuamos con estas personas, algo que podemos elegir, moldear o incluso decidir no mantener.

Con el tiempo, también entendí que yo me sentí muy bien mientras le daba cosas, que ella me trajo a mi vida otros regalos que ahora valoro enormemente y que me siento completamente en paz. No me parece que ella me deba nada porque no me pidió nada. Lo hice por mí y lo volvería a hacer.

Yo no sería lo que soy si muchas personas maravillosas, aun sin ningún vínculo familiar, me hubieran ayudado durante años, soportando mi dureza, mi arrogancia y mi ingratitud.

Por ejemplo, tengo un amigo que tiene millones de seguidores en las redes y su mamá sufre de problemas de alcoholismo. Ella le escribía comentarios públicos y le lanzaba amenazas para que le diera dinero que inevitablemente se gastaría en licor. Mi amigo mantiene el vínculo con gratitud, pero no la relación.

Así pues, es posible honrar y aceptar el vínculo con alguien, como un padre, madre o familiar, sin mantener una relación activa con esa persona. Esto ocurre, por ejemplo, cuando el contacto frecuente con alguien resulta dañino, conflictivo o incompatible con nuestro bienestar. En estos casos, no es necesario romper el vínculo, pero sí podemos elegir cuidar nuestra salud emocional limitando la interacción.

Una persona puede reconocer y agradecer el vínculo con un padre que estuvo ausente en su infancia, y aunque no haya una relación activa, puede elegir estar en paz al aceptar que ese padre dio lo que pudo en su momento.

Por otra parte, un hermano que ha causado mucho dolor debido a conflictos o comportamientos dañinos puede seguir siendo parte del sistema familiar (vínculo), pero se puede decidir no mantener una relación cercana por el bien de ambas partes.

Hellinger enfatiza la importancia de honrar el vínculo incluso si no existe una relación activa. Esto significa reconocer la conexión sin resentimiento, agradeciendo lo que fue dado (como la vida misma, en el caso de los padres)

y aceptando las limitaciones humanas de la otra persona o las mías propias. Este acto de aceptación puede liberar al individuo de cargas emocionales y permitirle avanzar con paz interna. Por ejemplo, un hijo puede sentirse en paz al decir internamente: «Gracias por darme la vida. Aprecio lo que hiciste por mí, aunque no puedas ser parte activa de mi vida ahora. Te reconozco como mi padre/madre, pero elijo cuidar mi bienestar manteniendo una distancia».

 Ahora quiero que pienses en una persona con la que tienes o tuviste un vínculo profundo (padre, madre, hermano, familiar cercano), pero con quien no mantienes o no deseas mantener una relación activa. Luego responde estas preguntas: ¿qué representa o representó para ti este vínculo? ¿Qué emociones surgen al pensar en esta persona? ¿Dolor, gratitud, ambivalencia? ¿Qué puedes agradecer de esta conexión incluso si hubo dificultades?

Ahora define tu postura sobre la relación. ¿Qué tipo de relación (si es que quieres alguna) eliges tener con esta persona? ¿Qué límites necesitas establecer para cuidar tu bienestar emocional? Si decides no relacionarte activamente, ¿cómo puedes honrar el vínculo sin resentimiento?

Finalmente, dedica unos momentos a visualizar a esta persona frente a ti y di en tu mente o en voz alta: «te agradezco por lo que me diste. Te reconozco como parte de mi vida, pero elijo cuidar mi bienestar. Estoy en paz contigo y conmigo».

*LAS RELACIONES,*
*COMO LAS PLANTAS,*
***CRECEN O MUEREN***
***SEGÚN EL CUIDADO***
***QUE LES DES***

# Tus relaciones, tu jardín: ¿las estás cuidando?

Imagina que alguien especial te regala una hermosa planta. Es pequeña, pero está llena de potencial y te comprometes a cuidarla con dedicación. Sueñas con ver sus flores, sentir su sombra en los días de sol y resguardarte bajo su follaje en las tormentas.

Al principio, la riegas a tiempo, le das la luz adecuada y los nutrientes que necesita. Incluso podas las hojas secas para que crezca fuerte y hermosa. Pero un día te olvidas de regarla... y no parece haber consecuencias. Así que, con el tiempo, comienzas a prestarle menos atención. La rutina y el trabajo se interponen y las hojas secas que solías quitarle empiezan a acumularse.

El árbol sigue creciendo, pero Los frutos ya no son tan abundantes. Te preguntas qué pudo haber pasado: «Si antes estaba tan fuerte...», piensas. Ahora, en lugar de podar las hojas secas con dedicación, lo haces solo para que el jardín no se vea descuidado. Buscas formas más rápidas y fáciles de atenderla: riego automático o le pides a alguien más que lo haga por ti.

Entonces, un día, una rama grande se quiebra. Cae de golpe, causando daños a su alrededor. Te acercas al árbol y te parece irreconocible. ¿Cuándo dejó de ser aquel árbol que cuidabas con tanta ilusión? Lo miras con nostalgia, recordando cómo lo conocías en cada detalle. Sientes que algo se perdió en el camino.

 ¿Estás cuidando tus relaciones como lo hacías al principio? ¿O has caído en la rutina, cumpliendo con lo mínimo? ¿Qué puedes hacer hoy para volver a nutrirlas con la atención y el amor que necesitan para florecer?

### Gratitud: nutre y florece tus relaciones

En el libro *La auténtica felicidad* de Martin Seligman, pionero de la psicología positiva, se menciona cómo la gratitud es una de las principales prácticas para aumentar el bienestar subjetivo. Seligman explica que la gratitud ayuda a «florecer», ya que cambia el enfoque hacia lo que uno ya tiene y disfruta, contribuyendo a una vida más plena.

Porque ¿de qué vale si no lo dices? ¿Conoces a alguien agradecido que sea infeliz? ¿O a alguien que nunca agradece y sea feliz de verdad? La gratitud es el reconocimiento de lo valioso en nuestras vidas. Más que una actitud hacia los demás, es una manera de vivir que nos aligera el peso del día a día. Cuando mi pareja me sirve un café o trabaja para mejorar nuestra vida, cuando un amigo me llama para ver cómo estoy o cuando mi jefe me mantiene en el trabajo, ninguno de ellos tiene que hacerlo. Cada uno de esos actos es un regalo. Quizás desearía que algunas cosas fueran diferentes, pero aun así estoy recibiendo algo valioso.

Mi madre pudo no haberme tenido, pero decidió cuidarme. Mi padre estuvo conmigo hasta los 12 años, así que le agradezco que me haya dado la vida y ese tiempo que compartimos. Cada persona que ha pasado por mi vida ha sido un regalo que me ayudó a convertirme en quien soy hoy.

A veces creemos que tratar bien a alguien es suficiente para demostrar nuestra gratitud. Pero ¿cómo te sientes cuando alguien cercano te dice que te agradece por lo que eres y lo que has hecho en su vida? Imagínalo: ¿cómo te sentirías si te lo dijeran todos los días y por cada pequeña cosa que haces por ellos?

Cuando no nos conectamos con la gratitud, comenzamos a dar todo por sentado. La vida se vuelve gris, monótona, dejamos de apreciar los matices y de disfrutar cada momento como un regalo único.

En algunas familias y empresas, se estimula el reconocimiento directo. Esto fortalece el sentido de apoyo y unión, además de contribuir a la autoestima de las personas. Enseñar a agradecer es la mejor manera de valorar lo que tenemos. No por nada se dice que quien agradece en silencio es desagradecido.

 ✎¿Cómo cambiarían tus relaciones si expresaras tu gratitud de manera sincera, frecuente y concreta a cada persona? ¿Cómo podrías reconocer la forma en que esa persona te expresa su gratitud, pero que no sea usando palabras?

Te propongo este ejercicio: haz una lista de tres personas cercanas a ti. Califícate del 1 al 10 sobre cómo les expresas tu gratitud por lo que cada día hacen por ti. Luego pregúntales cómo te calificarían ellas y qué les gustaría recibir para sentirte más en nivel 10. Al final, reflexiona para que modifiques tus acciones.

### Aceptación: el suelo fértil de las relaciones.

¡Acepta que la otra persona no va a cambiar y, desde ahí, decide cómo manejar la relación! Aceptar que no podemos controlar ni cambiar a otras personas puede liberar a ambos lados de la relación del conflicto y la frustración que surge al esperar que alguien sea diferente de lo que es. Desde esta postura, uno puede tomar decisiones más conscientes sobre cómo manejar la relación: elegir adaptarse, establecer límites más claros o incluso, en algunos casos, decidir distanciarse para preservar el propio bienestar.

Desde la perspectiva de Byron Katie y su método en *El trabajo*, aceptar a los demás tal como son puede liberar el sufrimiento que nos causan nuestras expectativas no cumplidas.

Un estudiante me decía:

–Me molestan las opiniones políticas de mi amigo y la manera en que las expresa. Ya se lo he dicho varias veces y lo sigue haciendo: sin embargo, es una gran persona y ha sido un muy buen amigo. Por eso, decidí que no me enredaría con sus opiniones políticas, pues su amistad y mi tranquilidad valen más.

En otra ocasión, una mujer cuya pareja tiene problemas con el alcohol se quejaba con un amigo:

–¿Por qué no te divorcias? –le preguntó su amigo, desconcertado.

–Por lástima.

–¿Crees que la lástima es suficiente para aguantar tanto tiempo?

–Bueno... también por su ternura.

–¿Y no hay más cosas buenas en tu relación?

–Sí... cuando está sobrio, es un hombre alegre. Me trata bien.

–¿Tienes buenos recuerdos de estos 12 años juntos?

–Sí, cuando está sobrio, es un buen padre. Jugamos juntos como niños. Disfrutamos de nuestra casa.

–Entonces, por eso no te has divorciado...

–Sí, sé que está enfermo y he aprendido a llevarlo. En el fondo, sé que sería doloroso dejarlo. Lo extraño cuando no está y, a pesar de todo, soy más feliz con él que sin él.

Este caso refleja lo que muchos viven en sus relaciones. A veces gastamos energía quejándonos de lo que no podemos cambiar. Si decides quedarte con alguien, ya sea una pareja, amigo, colega o familiar, quizás es porque, de alguna manera, la relación te aporta más de lo que te quita.

Cuando hay algo que no me gusta de la otra persona y sé que no va a cambiar, pero aun así decido quedarme, es fácil caer en la trampa de seguirle «cobrando» en silencio. En lugar de disfrutar lo que aprecio de la relación, me enfoco en lo que no me gusta y dejo de valorar lo positivo. Además, es importante reconocer que la otra persona también está aceptando cosas de mí que no le gustan. Ninguna relación es perfecta y la aceptación va en ambos sentidos.

Si sabes que la otra persona no va a cambiar, tienes dos opciones: dejar la relación o hacer lo mejor de tu parte para mejorarla, cuidarte y aceptar las cosas como son. Si decides aceptar, enfócate en lo que disfrutas. La realidad es que si sigues en la relación, probablemente lo que te molesta no te afecta tanto como crees. Otro punto importante es recordar que, si alguien hace las cosas de una manera que no te gusta, eso no significa que estén mal hechas, sino solo que son diferentes.

✎ Piensa en una persona importante para ti y a quien hace tiempo le criticas algo que no cambia. ¿Podrías reconocer que la aceptas como es y que hay muchos valores que aprecias y recibes? ¿Qué aspecto que valoras de esta persona? ¿Cómo podrías enfocarte más en esta cualidad la próxima vez que interactúes con ella?

### Humor: el sol que ilumina los días oscuros

Mi mamá solía decirle a mi tía que le enviaría una tarjeta de Navidad con un regalito a su exmejor amiga, agradeciéndole por haberle quitado al marido.

–¡Yo sola nunca me habría librado de él! –decía con una sonrisa.

Mi primo, en las reuniones familiares, siempre se despedía diciendo:

–Bueno, como dijo mi tío, con permiso, yo los abandono. En mi familia, después de cualquier drama, siempre terminamos riéndonos. Eso me ha ayudado mucho en la vida. Aprendí a reírme de mí mismo, de mis torpezas y de los dramas que me he creado.

Dicen que reír es el don que Dios nos dio para que el dolor no supere nuestra alegría. Dale Carnegie tenía una carpeta llamada «T. C.» (tonterías que he cometido). En su libro *Cómo superar las preocupaciones* sugiere que, en lugar de ocultar nuestros errores, deberíamos aceptarlos... ¡o, mejor aún, reírnos de ellos!

¿Qué pasaría si, en vez de ponernos serios o a la defensiva cuando nos equivocamos, fuéramos los primeros en bromear sobre nuestras fallas? Cuando nos reímos de nuestros errores, desarmamos la crítica y permitimos que los demás se sientan más cercanos a nosotros. De todas formas, ya se están riendo, entonces, ¿por qué no unirse a la diversión?

 🖉 ¿Qué situación en tu vida te tomas demasiado en serio? ¿En cuál te molesta que los demás se rían? ¿Cómo podrías empezar a reírte tú primero?

Una vez identificada esta situación, ¿qué aspecto humo-rístico podrías encontrar en ella? Proponte a hacer una bro-ma sobre esta situación la próxima vez que ocurra. ¿Cómo crees que esto cambiará tu perspectiva?

Calífícate del 1 al 10 en tu capacidad de usar el humor para fortalecer tus relaciones o quitarles drama a tus desa-fíos. Si no sabes hacer chistes, quizás puedas disfrutar más el humor de otros. Esta semana, haz un esfuerzo conscien-te para reírte más con los que te rodean.

DIOS MÍO... ¡GRACIAS! DESPUÉS DE TANTOS AÑOS DE ESFUERZOS.

# LO HE LOGRADO...
## ¡SOY EL MÁS HUMILDE DE TODOS!

### Generosidad: el abono que enriquece las conexiones

La generosidad no se limita a lo material. Está en los pequeños detalles, en reconocer de manera expresa el valor de los demás, en compartir nuestro tiempo, conocimiento y recursos. Son formas poderosas de nutrir nuestras relaciones.

Para quienes siempre están en el rol de proteger y dar, puede ser un desafío aprender a pedir y a aceptar. La generosidad está en tu vulnerabilidad de permitir que otros te den, te enseñen y te apoyen. Saber recibir es también una forma de ser una persona agradecida, vulnerable y sencilla que valora al otro como un regalo. Esto te hará más fuerte y cercano a quienes te rodean.

 ✎ ¿Con quién podrías expresar más tu generosidad, ya sea con tu tiempo, recursos, tu conocimiento o reconociendo lo que aprecias de esa persona? ¿Cómo podrías expresar tu generosidad contigo mismo?

### Perdón: la poda que permite nuevo crecimiento. El máximo regalo para ti

El perdón no solo sana relaciones, sino que también alivia tu propia carga emocional. Perdonar no significa olvidar, sino no permitir que el resentimiento controle tu vida. Este nutriente te dará libertad y hará que tus relaciones sean más ligeras y auténticas.

Perdonar no tiene que ver con aceptar que lo que sientes que la otra persona te hizo es correcto. Perdonar es decidir dejar de hacerte daño con esos pensamientos recurrentes de dolor con los que te haces la vida más difícil y que no solucionan nada.

Muchos dolores terminan en resentimientos que expresan «no valió la pena haber sufrido tanto por eso». ¿Para qué esperar si puedes decidirlo ya mismo? Al perdonar, decides enfocarte en lo positivo de las personas en lugar de dejar que lo negativo te amargue. Es un acto de liberación que te permite disfrutar más de las relaciones que realmente valoras.

¿Para qué mantener esos pensamientos de resentimiento que te hacen ruido y crean distancia en una relación que valoras? ¡Cuánta energía para construir la calidad de vida que queremos podemos liberar al perdonar a esas personas que no saben que las resentimos, que ya murieron, que nunca volvimos a ver y no son parte de nuestra vida, que son políticos o personajes públicos que con seguridad no pierden el sueño porque alguien que ni conoce los resiente y que son instituciones o grupos de personas para quienes nuestra emoción no marcará ninguna diferencia!

Podemos estar en desacuerdo y opinar o hacer lo que consideremos correcto sin la carga del resentimiento. El perdón no tiene límites y puede practicarse con cualquiera: padres, hijos, pareja, hermanos, amigos, jefes, colegas, maestros e incluso instituciones o personas de tu pasado. Y siempre serás tú quien más se beneficie.

El resentimiento nace no de lo que hace el otro, sino de la expectativa que teníamos de que el otro actuara o no actuara de una manera determinada. Si el otro hubiera hecho o no lo que esperábamos, no habría resentimiento. Quizás muchas personas actuaron de la misma forma, u otra persona actuó con otros así y no lo resentimos. Perdonar es aceptar la realidad y reconocer que el dolor del resentimiento hace aún más difícil la situación para ti.

El resentimiento puede tener las mismas características de una adicción al dolor porque se alimenta de emociones negativas que, en lugar de aliviar el malestar, lo perpetúan.

Cuando una persona experimenta dolor, ya sea físico o emocional, el cuerpo puede aumentar la producción de cortisol para enfrentar esa situación. Sin embargo, si los niveles de cortisol permanecen elevados durante un tiempo prolongado debido al estrés crónico o al dolor persistente, esto puede tener efectos negativos en el cuerpo, como debilitamiento del sistema inmunológico, problemas de sueño, aumento de peso y disminución de la capacidad para manejar el estrés.

Aunque el cortisol no es adictivo como una sustancia externa (drogas o el alcohol), algunas personas pueden volverse dependientes de los patrones de comportamiento que generan cortisol, como el estrés constante o la autopercepción negativa. El cuerpo se acostumbra a este estado de alerta y puede parecer que «necesita» ese nivel de estrés para funcionar, lo que puede crear una especie de ciclo vicioso.

El resentimiento, aunque doloroso, a menudo se convierte en un refugio engañoso donde permanecemos atrapados. En psicología sistémica, Bert Hellinger y otros teóricos mencionan el concepto de ganancias secundarias o perversas, aquellas aparentes «ventajas» que obtenemos al mantener actitudes que en realidad nos dañan. Aunque estas ganancias son ilusorias, pueden parecer poderosas a corto plazo. Veamos algunos ejemplos.

**1. *Atención y validación.*** Algunas personas reciben atención y simpatía al compartir continuamente su sufrimiento o resentimiento hacia alguien. Por ejemplo, una persona que siempre habla mal de un familiar que le hizo daño, despertando la lástima o el apoyo de los demás, puede sentir una validación momentánea que refuerza su rol de «víctima». Esta búsqueda de atención puede reemplazar un trabajo interno más profundo para sanar la herida.

**2. *Sentido de venganza.*** El resentimiento puede ser una forma de «castigar» al otro. Aunque no lo hagamos de forma activa, mantener un rencor alimenta la fantasía de que, al no perdonar, estamos «ganando» algo. Por ejemplo, en una separación conflictiva, alguien puede negarse a dejar atrás el resentimiento porque siente que al hacerlo estaría «absolviendo» al otro. Sin embargo, el verdadero impacto negativo recae en uno mismo.

**3. *Justificación de la inacción.*** Mantener el resentimiento puede ser una excusa para no avanzar. Es más fácil culpar a otro por nuestra infelicidad que asumir la responsabilidad de construir nuestro bienestar. Por ejemplo, una persona que culpa a un exjefe por su falta de crecimiento profesional podría evitar tomar riesgos o perseguir nuevos desafíos por miedo al fracaso.

# TU FELICIDAD ES UN PENSAMIENTO QUE ELIGES CAMBIAR CON FRECUENCIA

*TU PAZ LA ENCUENTRAS
CUANDO LE DAS MÁS
IMPORTANCIA*
***A TU BIENESTAR QUE
A TUS PENSAMIENTOS***

AMBAS SON ***TU DECISIÓN***

**4. *Evitar enfrentar emociones profundas.*** El resentimiento puede ser un escudo para no lidiar con emociones más complejas como la tristeza, el duelo o el miedo. Por ejemplo, alguien que no puede superar un conflicto con un padre ausente podría preferir quedarse en el resentimiento porque el proceso de aceptar la pérdida emocional sería más doloroso en el corto plazo.

**5. *Identidad basada en el dolor.*** Algunas personas llegan a definir quiénes son con base en su dolor y resentimiento. Al soltar el resentimiento, sienten que perderían una parte de su identidad. Por ejemplo, una persona que ha pasado años hablando de cómo fue traicionada podría sentirse perdida sin ese discurso, ya que este se convirtió en parte de su narrativa de vida.

Para salir de todo este ciclo, te propongo una reflexión y un ejercicio. Identifica tus ganancias perversas y piensa en qué beneficios (atención, validación, excusas) crees estar obteniendo al mantener tu resentimiento. ¿Realmente valen la energía y el tiempo que inviertes en ellos?

 Si el resentimiento fuera un ladrón de tiempo y energía, ¿cuántos sueños, relaciones o metas estarías dejando de lado al mantenerlo? ¿Qué podrías construir en tu vida si eligieras redirigir esa energía hacia algo positivo?

Haz una práctica de liberación interna. Dedica unos minutos a cerrar los ojos y visualiza a la persona hacia quien sientes resentimiento. Di internamente: «te dejo ir con tus acciones y tus errores. Elijo liberarme de este resentimiento para recuperar mi paz. Mi tiempo y mi energía son para mí y para crear algo valioso en mi vida».

🖊 Para terminar, redirige tu energía y haz una lista de actividades positivas que podrías realizar con la energía y el tiempo que hoy dedicas al resentimiento: puede ser aprender algo nuevo, conectar con alguien significativo, iniciar un proyecto personal.

El resentimiento puede sentirse como una protección, pero en realidad nos envenena lentamente. Identificar las ganancias perversas nos ayuda a desactivarlas y nos abre la puerta para recuperar la energía necesaria para crecer y vivir plenamente. Deja el ring, baja los puños y usa esa fuerza para construir, no para pelear con sombras del pasado.

Una de las cosas buenas y malas de llegar a viejo es haber tenido la oportunidad de cometer miles de errores. Mi fábrica de resentimientos ha estado trabajando horas extra durante años, produciendo:

**1. Resentimientos en relaciones cercanas.** ¿A cuántas personas que fueron increíbles conmigo alejé o no disfruté de la relación porque hicieron, dijeron o no dijeron algo que yo esperaba? Ahora me parece que fue una tontería de mi parte, pues creé y guardé pequeños o grandes resentimientos de los que, en la mayoría de las veces, ellos nunca supieron.

**2. Momentos perdidos con seres queridos.** ¿Cuántos instantes he perdido para disfrutar a mis seres amados porque estoy guardando un resentimiento, porque no hablaron como y cuando yo quería, porque tomaron o no tomaron una decisión? ¿Cuánta carga injusta he puesto en ellos y en mí aunque la mayoría de mis resentimientos ni los conozcan?

**3. Oportunidades perdidas en el trabajo.** ¿Cuántas oportunidades perdí de conocer más y crear con más entusiasmo y vulnerabilidad porque me apegué a resentimientos o juicios silenciosos en contra de quienes trabajaban conmigo?

**4. Amargura en la vida cotidiana.**¿Cuántos momentos en mi cotidianidad he amargado creando resentimientos o rabia contra quien en el tráfico no hace lo que yo espero, quien en el teléfono no me responde como quiero o a veces solo porque veo a alguien que se viste o actúa como a mí no me gusta?

Me di cuenta de la fábrica de dolor que puedo ser y con la que amargo mis días y también a los demás. Cada resentimiento es un producto tóxico que sale de mi línea de producción mental, contaminando mi bienestar y el de quienes me rodean.

 Si decidieras soltar tus resentimientos, ¿en qué invertirías esa energía que liberarías?

 La lista de los resentimientos invisibles:

 **1. Toma papel y lápiz:** Escribe los nombres de personas con las que crees que has tenido o tienes resentimiento, ya sea por cosas pequeñas o significativas.

**2. Pregúntate:** ¿Saben esas personas que estoy molesto o molesta con ellas? ¿Cuánto tiempo he dedicado a estos pensamientos?

**3. Ahora imagina:** ¿Qué pasaría si decidieras perdonar ese resentimiento y liberarte del peso de tus expectativas no cumplidas? Anota cómo crees que cambiaría tu relación con esa persona, y más importante, contigo mismo.

**4. *Haz un compromiso:*** Elige al menos uno de esos resentimientos y decide, conscientemente, soltarlo hoy. Puedes escribir una pequeña nota de perdón (para ti, no necesariamente para la otra persona) y romperla como símbolo de que has dejado esa carga atrás.

Vamos a aplicar *El Trabajo* de Byron Katie a la creencia limitante: «Yo sufro mucho por lo que esta persona me hizo».

### 1. *¿Es esto verdad?*

Respuesta: Sí, siento que es verdad en este momento. Creo que las acciones de esta persona realmente me causaron dolor, y es difícil pensar de otra manera.

### 2. *¿Puedo estar absolutamente seguro de que es verdad?*

Respuesta: No, no puedo estar absolutamente seguro de que lo que esta persona me hizo sea la única causa de mi sufrimiento. Mi dolor también viene de cómo interpreto sus acciones y de los pensamientos que he tenido al respecto. Quizás el sufrimiento es más por cómo sigo pensando y repitiendo mentalmente lo sucedido.

### 3. *¿Cómo reacciono cuando creo en este pensamiento?*

Respuesta: Cuando creo que estoy sufriendo por lo que esta persona me hizo, me siento atrapado en el resentimiento y la rabia. Me revuelco en la tristeza y en el pasado, revivo constantemente la situación y eso afecta mi bienestar emocional. Me siento víctima, impotente y lleno de emociones negativas. Mi cuerpo se tensa y pierdo la paz interior.

### 4. *¿Quién sería yo sin este pensamiento?*

Respuesta: Sin este pensamiento, sería más libre, más ligero. No estaría tan enfocado en lo que sucedió y en lo que creo que me hicieron. Sería alguien con más paz mental, más capaz de disfrutar del presente sin quedar atrapado en el pasado. Me sentiría más fuerte y en control de mi propia vida, sin depender de lo que otra persona hizo o no hizo. Estaría más abierto al perdón y a seguir adelante.

**Invirtiendo la creencia:**
La inversión de «Yo sufro mucho por lo que esta persona me hizo» podría ser:
- **«No sufro por lo que esta persona me hizo».**
- **«Yo sufro por lo que pienso sobre lo que esta persona me hizo».**

Al reflexionar sobre estas inversiones, podrías empezar a darte cuenta de que gran parte del sufrimiento proviene de tus pensamientos y juicios acerca de lo que sucedió, más que de los hechos en sí. Si cuestionas esos pensamientos, puedes liberar gran parte del dolor y dejar de revivir la herida una y otra vez. Como dice Byron Katie: **«No sufrimos por lo que pasa, sino por nuestros pensamientos sobre lo que pasa».**

**Presencia: las raíces que profundizan la conexión**
Un amigo nos contaba, medio en broma, que este año se había propuesto hacer visitas más largas a sus padres. Con su costumbre de ir «de pasada», apenas le daba tiempo de ver la mitad de su programa favorito. Pero estar presente no es solo estar físicamente en un lugar. Los padres de nuestro amigo probablemente preferirían que los visitara menos, pero que estuviera con ellos de verdad cuando lo hiciera.

Estar en casa no es necesariamente estar con la familia. Comer juntos no siempre implica compartir. Hablar por teléfono varias veces al día no significa que nos estemos comunicando. Saludar no siempre es contactar.

La verdadera presencia va más allá del cuerpo. Es escuchar sin distracciones, prestar atención plena y conectarse de verdad con la persona que tienes delante.

### ¿Con quién podrías estar más presente?

califícate del 1 al 10 en tu disposición de estar presente de mente, cuerpo y espíritu cuando interactúas con otras personas. Luego pregúntales a tus seres queridos cómo te perciben. ¿Qué necesitas hacer para que sientan que realmente estás con ellos?

### Calidez: el invernadero que protege y nutre

Tenía unos 15 años y era un joven bastante perdido. Algunos días me iba a los almacenes de cadena a robar lo que podía. Un día, me paré junto a un mostrador con chocolates y me metí uno en el bolsillo de atrás del pantalón. De pronto sentí una mano sacando el chocolate que me había guardado y puso la otra mano en mi hombro, con una calidez y gentileza que me sorprendieron. Era una mujer adulta que habría podido ser mi mamá. Me dio una sonrisa amorosa, puso de nuevo el chocolate en su lugar y se fue. Nunca olvidaré su ternura, que me dio una lección profunda. Con el tiempo, he aprendido que la gentileza y la ternura hacen magia con otros y las disfruto profundamente.

¿Cómo le hablarías al mesero o la mesera si fuera tu hija o tu hermano? Cuando las personas hablan contigo, ¿se sienten acogidas con el tono de tus palabras? Muchas personas, en su afán por hacer, se olvidan de este nutriente esencial para una relación saludable y «frondosa».

🖋 ¿Te consideras habitualmente una persona cálida y afectuosa con quienes te rodean? Piensa en tres gestos específicos que demuestren calidez y afecto. ¿Cómo podrías incorporar al menos uno de estos gestos en tus interacciones diarias durante la próxima semana? Lleva un registro de cómo eso afecta tus relaciones.

🖋 Califícate del 1 al 10 en tu capacidad para ser una persona cálida y gentil. Luego, pregunta a tus seres queridos cómo te perciben. ¿Qué podrías hacer para que sientan más tu calidez y ternura en la relación?

### *Lealtad: el soporte que mantiene firmes las relaciones*

En el contrato matrimonial católico hay una hermosa frase que puede aplicarse a todas las relaciones que queremos cultivar: «para estar contigo en las buenas y en las malas». Esa es la verdadera lealtad.

Cuando criticas a sus espaldas a un amigo ante otros, sin la intención de ayudarlo a mejorar, no solo lo perjudicas a él, sino que también afectas tu propia reputación. La deslealtad, ya sea hacia un amigo, un familiar o una empresa que te ha contratado no crea aliados. Al contrario, genera desconfianza y destruye cualquier credibilidad que los demás puedan tener en ti.

La lealtad se construye siendo fiel a tus valores y principios. Esa es tu carta magna, tu guía personal. Dedica un momento a reflexionar con quién y cómo podrías demostrar mayor lealtad en tus relaciones.

🖉 ¿Te consideras habitualmente una persona leal con quienes te rodean?

🖉 Califícate del 1 al 10 en tu capacidad para ser una persona leal. Luego, pregunta a tus seres queridos cómo te perciben. ¿Qué podrías hacer para que sientan más tu lealtad en la relación?

### *Ejercicio de autoevaluación:*

¿Estás nutriendo emocionalmente tus relaciones?

### *Introducción al ejercicio:*

Antes de comenzar, reflexiona sobre estas preguntas:

• ¿Cómo te perciben tus seres queridos?

• ¿Qué emociones crees que generas en ellos?

• ¿Qué activos emocionales consideras tus fortalezas y cuáles crees que necesitas mejorar?

**Reto motivador:**

¿Te atreves a descubrir qué tan bien manejas tu nutrición emocional en las relaciones más importantes de tu vida? Este ejercicio te permitirá identificar tus fortalezas y áreas de mejora en diferentes contextos: familia, trabajo y amigos.

*Instrucciones*

**1. Evalúa tus relaciones principales:**

• Elige seis relaciones clave, distribuidas entre familia, trabajo y amigos.

• Reflexiona sobre cómo manejas cada activo emocional en estas relaciones específicas.

**2. Completa el cuadro:**

• Llena la columna de autocalificación (1-10) para cada activo emocional en una relación específica.

• Pide a las personas involucradas, si es posible, que den su calificación.

**3. Interpreta tus resultados:**

• Identifica las áreas en donde haya discrepancia significativa entre tu calificación y la de otros.

• Observa cuáles tienen puntajes bajos en todas las relaciones y priorízalos.

**Autoevaluación  ¿Nutres emocionalmente tus relaciones?**

## ¿QUÉ TAN SALUDABLES SON TUS RELACIONES?

☑ AUTOEVALÚATE CALIFICA
☑ Y MEJORA 1 2 3 4 5

### ELIGE A UNA PERSONA Y HAZTE TODAS LAS PREGUNTAS

- [ ] Estás presente y aceptas retroalimentación respetuosamente.
- [ ] Dices lo que piensas con sensibilidad y consideración.
- [ ] Reconoces tu responsabilidad y te disculpas cuando es necesario.
- [ ] Superas frustraciones sin guardar rencores.
- [ ] Das crédito a quienes lo merecen.
- [ ] Creas un espacio emocionalmente acogedor y necesario.
- [ ] Cuidas tanto las necesidades de otros como las tuyas.
- [ ] Expresas tu agradecimiento con frecuencia.
- [ ] Mantienes tus compromisos incluso en situaciones difíciles.
- [ ] Tomas decisiones informadas y empatizas con los demás.
- [ ] Inspiras y sacas lo mejor de quienes te rodean.
- [ ] Resuelves conflictos sin aumentar tensiones.
- [ ] Validas emociones ajenas aunque no las compartas.
- [ ] Aceptas nuevas ideas y te adaptas al cambio.
- [ ] Controlas tus emociones para no afectar a otros.
- [ ] Eres un apoyo confiable en momentos difíciles.

**Nota:** Las calificaciones son solo puntos de referencia para reflexionar, no instrucciones definitivas. Cada aspecto y momento tienen un contexto único que puede influir en los resultados

### *Si sientes que algunas de tus relaciones son frías o aburridas...*

Si algunas de tus relaciones familiares o laborales te parecen frías o aburridas, quizás es porque no estás aplicando «nutrientes» con la suficiente frecuencia. ¿Por qué esperar a que una crisis te obligue a actuar desesperadamente cuando podrías disfrutar de tus relaciones día a día? Crear hábitos que nutran y fortalezcan tus relaciones es la clave para echar raíces firmes y duraderas. Y, lo mejor de todo, hacerlo es más fácil de lo que crees.

**305**

Aquí tienes una lista de ideas para empezar a cultivar esos hábitos. A medida que los pongas en práctica, verás cómo las «plantas» de tus relaciones crecen y se vuelven más fuertes:

• Durante las comidas en familia, haz que cada uno comparta algo importante que le haya pasado en el día. Todos, sin importar la edad, tienen algo valioso que contar.

• No interrumpas a los miembros de tu familia cuando hablen de sus cosas personales, aunque tengas algo urgente que decir.

• Ofrécete voluntariamente para ayudar a un colega cuando veas que lo necesita.

• Agradécele explícitamente a un compañero de trabajo por algún detalle o gesto que haya tenido contigo.

• Cada noche, diles a tus hijos algo que te haya gustado de su comportamiento durante el día.

• Antes de dormir, exprésale a tu pareja algo que realmente aprecias de él/ella. Agradécele sinceramente su presencia y su apoyo o por una acción específica y pídele que haga lo mismo contigo.

• Cuando un subalterno te entregue un trabajo, reconoce algo positivo antes de señalar lo que deba corregir.

• En tus visitas a familiares, suegros o amigos enfermos, mantente verdaderamente presente y sé generoso con tu tiempo.

• Felicita a tus colegas con entusiasmo cuando hagan algo que lo amerite.

• Reconoce con generosidad, y en público si es posible, tus errores cuando afecten a los que te rodean: pareja, hijos, compañeros de trabajo o estudio.

### *Descubre la paz en la ausencia del otro: el poder de soltar el control*

¿Alguna vez te has aferrado tanto a alguien que sentías que tu felicidad dependía de su presencia?

Cuando tenía 9 años, recuerdo sentirme perdido y solitario. Mi casa me parecía vacía y pasaba mucho tiempo en la calle, pero no recuerdo que me sintiera infeliz. Había aprendido a aceptar esa soledad, a convertirla en compañía propia. Mi excepción era mi abuela materna. Ella me miraba con una admiración que nunca había sentido antes. Me decía que era guapo e inteligente, aunque yo me reía, pensando que exageraba.

Ella me enseñó a disfrutar de la ópera, a soñar en grande y a sentir que podía lograr cualquier cosa. Cuando murió, ya era adulto, pero su ausencia dejó un vacío en mí. Fue difícil adaptarme a una vida sin ella. Sin embargo, con el tiempo, aprendí a sentir su presencia en los silencios y en los recuerdos de sus consejos. Descubrí que no la necesitaba físicamente para seguir adelante.

Años después, viví algo similar tras mi divorcio. Mis hijos, con 17 y 21 años, se alejaron emocionalmente de mí. Durante varios años, dejaron de hablarme casi por completo, lo cual fue devastador. A pesar de mis esfuerzos por arreglar la relación, nada funcionaba. Al final, acepté que mi amor por ellos no dependía de estar cerca y fue ahí cuando encontré paz. Amarlos no requería que me necesitaran y esa realización me liberó.

✎ ¿Cómo puedes honrar a alguien que amas sin depender de su presencia? ¿Piensa en una persona específica y escribe qué acción concreta podrías realizar esta semana para honrarla independientemente de su presencia física?

Decir «te necesito» puede crear una carga emocional sobre la relación. Crea expectativas silenciosas que pesan tanto en ti como en la otra persona. El amor verdadero acepta que las personas cambian, que las circunstancias evolucionan, así que aprender a amar sin poseer es la verdadera libertad.

Te propongo un ejercicio. Yo lo llamo el ejercicio de la gratitud liberadora. Escríbele una carta de agradecimiento a alguien que amas. Agradécele por todo lo que han compartido, pero también expresa tu aceptación de los cambios que puedan venir. No necesitas enviarla. Solo guárdala como recordatorio de que el amor verdadero no es posesión, sino liberación.

 ✏ ¿Qué nuevas formas de amor podrías descubrir si dejaras de aferrarte a las expectativas? ¿Qué acción podrías hacer hoy para soltar una de esas expectativas y abrirle espacio a una nueva forma de amor?

El apego nos ciega a otras fuentes de amor. Al abrir el corazón y dejar ir lo que creemos necesitar, podemos descubrir que el amor viene de muchas formas y de lugares inesperados. En conexión con esto, te propongo que intentes lo siguiente: durante una semana, conecta sinceramente con una persona nueva cada día. Puede ser un amigo, un familiar lejano o incluso un desconocido. Reflexiona sobre cómo estas interacciones enriquecen tu vida.

Lo que yo aprendí es que no necesitamos a nadie ni algo específico para ser felices. Las personas son transitorias, y cuando soltamos la necesidad de aferrarnos, nos abrimos más a recibir amor genuino.

¿Cómo cambiaría tu vida si aceptaras que todo es transitorio y aprendieras a amar sin condiciones? ¿Qué pequeño paso podrías dar hoy para practicar la aceptación de esa naturaleza transitoria?

Recuerda, el verdadero amor no es posesión. Cuando dejamos ir nuestras expectativas y «necesidades», nos abrimos a un amor más profundo y satisfactorio.

### El espejo de las relaciones: descubre tu reflejo en los demás (es un regalo)

Imagina que estás en una habitación llena de espejos. Cada persona que encuentras es un espejo diferente, reflejando aspectos de ti mismo que quizás no habías notado antes. Fascinante, ¿verdad? Pero también un poco aterrador.

Durante la pandemia, mi amiga Ana vivió esta experiencia de primera mano. Su hermana María se mudó con ella y, después de dos semanas, Ana me llamó, exasperada.

–Carlos, ¡no puedo más! –exclamó–. María es insoportable. Es rígida, criticona, intolerante...

Esperé, sintiendo que había más por venir.

Hubo una pausa y luego Ana soltó una carcajada.

–¿Y sabes qué es lo peor? Me di cuenta de que así soy yo. Somos iguales. No me había dado cuenta de lo insoportable que soy.

Este momento de autoconciencia de Ana es oro puro. Es el tipo de revelación que puede transformar relaciones y vidas enteras.

**309**

🖉 Identifica a una persona específica que sientes que te molesta ¿Qué parte de ti estás viendo reflejada en esta persona? ¿Qué característica concreta de esa persona podrías estar proyectando? ¿Cómo podrías trabajar en esa característica en ti?

Estas preguntas suelen provocar una reacción inmediata de negación. «¡yo no soy así!» es la respuesta típica. Pero si nos atrevemos a mirar más de cerca, a menudo encontramos similitudes sorprendentes.

 ✏ ¿Cómo podría esta característica que te molesta ser en realidad una fortaleza mal aplicada? Una vez identificada esta fortaleza, ¿cómo podrías ayudar a esta persona (o a ti, mejor) a canalizarla de manera más positiva?

Tal vez la «rigidez» de María (y de Ana) es un fuerte sentido de estructura que, cuando se aplica correctamente, puede llevar a una gran eficiencia y productividad.

 ✏ Si lo que no te gusta del otro fuera un mensaje para ti, ¿qué te estaría diciendo? Una vez identificado este mensaje, ¿qué acción específica podrías hacer para responder a él de manera constructiva?

Quizás la intolerancia que Ana ve en María (y en sí misma) es un llamado a ser más compasiva tanto con los demás como consigo misma.

Cuando era niño, teníamos un dicho: «el que primero lo huele debajo lo tiene». Esta frase infantil encierra una profunda verdad psicológica. A menudo lo que más nos molesta en los demás es un reflejo de algo que no hemos aceptado en nosotros mismos. Mis propias relaciones mejoraron sustancialmente cuando comencé a preguntarme «¿cómo estoy exhibiendo la misma actitud o característica que critico en el otro?».

Ahora te voy a presentar algunos ejemplos específicos y los pasos claros a seguir para transformar tus relaciones a través de esta figura del espejo. Vamos primero con los ejemplos:

**1. En el trabajo.** Te molesta que un colega sea desorganizado y poco puntual. Quizás podrías estar proyectando tu propia inseguridad por sentirte desorganizado en ciertas áreas de tu vida personal, como tus finanzas o tu tiempo en casa. Ante esto, reflexiona sobre qué aspectos de tu vida podrían beneficiarse de más estructura. Empieza por mejorar tu propia organización para liderar con el ejemplo.

**2. En una relación de pareja.** Te irrita que tu pareja sea crítica contigo. Lo que esto refleja es que tal vez tú también te criticas en exceso o eres crítico con los demás. Para solucionarlo, practica la autoaceptación y empieza a verbalizar más elogios hacia tu pareja para modelar el comportamiento que deseas.

**3. Con un amigo o familiar.** Te molesta que un amigo o familiar sea egoísta y siempre hable de sus problemas. Esto quiere decir que podrías estar ignorando tus propias necesidades o evitándolas al priorizar siempre a los demás. Para transformar este aspecto, practica establecer límites saludables y prioriza tus necesidades para equilibrar la relación.
Y ahora hablemos de los pasos:

**1. Identifica la emoción.** Cuando alguien te irrita, haz una pausa y nombra la emoción que sientes: ¿es enojo, frustración, tristeza o algo más? Esto te ayudará a abordar el problema con claridad.

**2. Encuentra el reflejo.** Pregúntate: «¿Qué parte de mí estoy viendo en esta persona?». Escribe cómo exhibes tú mismo esa característica y sé honesto. A veces es más sutil o aparece en contextos diferentes.

**3. *Define el aprendizaje.*** Reflexiona sobre qué te está enseñando esa característica sobre ti mismo. Considera si esta característica en ti podría ser una fortaleza mal utilizada, como la rigidez que puede transformarse en estructura o la crítica que puede convertirse en análisis constructivo.

**4. *Aplica un cambio interno.*** Decide cómo puedes trabajar en esa característica dentro de ti. Por ejemplo, si te molesta la intolerancia en alguien más, identifica dónde podrías ser más compasivo contigo mismo y con los demás.

**5. *Practica un cambio externo.*** Cambia tu enfoque hacia la persona que te irrita. Haz un esfuerzo consciente por ver sus fortalezas o valorar sus intenciones. Por ejemplo, si un colega desorganizado te irrita, intenta elogiarlo cuando logre completar algo, enfocándote en el progreso en lugar de en los fallos.

**6. *Evalúa el impacto.*** Observa cómo cambia tu percepción de la persona y cómo la relación mejora al abordar primero tu propio reflejo. Haz ajustes si es necesario.

🖉 Piensa en alguien que te irrite o te frustre actualmente. ¿Qué característica específica de esa persona crees que refleja algo que no has aceptado o trabajado en ti mismo? ¿Qué acción concreta podrías hacer hoy para abordar esa característica en tu vida y transformar tu perspectiva sobre esta relación?

Recuerda, cada irritación es una invitación al autoconocimiento.

*¿CUÁNTO TIEMPO
Y RECURSOS HAS
INVERTIDO EN APRENDER
A GANAR DINERO*
**Y CUÁNTO EN APRENDER
A ADMINISTRARLO?**

# PARTE CINCO

# Los problemas financieros no son solo de dinero.

**LOS PROBLEMAS DE DINERO** *NO SON DE DINERO*

### Cuando yo era un rico pobre

Dejamos el dinero en la última parte porque durante años culpé al dinero de mis problemas en mi matrimonio, de mi ansiedad y angustia, del desbalance en mi vida. Sin saberlo, usé el dinero como una justificación para todo lo que no funcionaba en mi vida.

Trabajaba muy duro, ganaba bien, vivía bien, pero siempre al día, lleno de deudas y sufriendo cada mes para cubrir mis obligaciones. Aunque gané mucho dinero, entre más ganaba, más gastaba y lo que me llegaba desaparecía, ¡sin saber en qué!

Mi mamá me decía que yo era un genio para ganar y un bruto para guardar. Era además un adicto a las deudas, pensaba que ser exitoso era tener líneas de crédito grandes en los bancos y varias tarjetas de crédito.

Cuando me divorcié a los 53 años después de haber ganado mucho dinero, me quedé con unos cientos de miles de dólares que, sin saber en qué, desaparecieron en mi dolorosa transición a la soltería.

Toda mi vida había pensado que yo era capaz de ganar el dinero que quisiera, pero me sentía cansado y mis oportunidades cada vez eran más limitadas. Pensaba que como había ayudado a tanta gente, «la vida me devolvería mágicamente», cuando yo mismo no había sido cuidadoso con el manejo del dinero. Me di cuenta de que había vivido en una negación irresponsable de mi propio envejecimiento, había cuidado muy bien del futuro de todos, menos del mío.

Un día un gran amigo me preguntó:

– ¿Sabes cuánto vas a recibir de pensión?

–Yo no sabía.

–¿Tu pensión te alcanzará para vivir como ahora vives?

–Seguro que no - respondí -

–¿Sabes que en tu situación vas a ser una carga para tus hijos?

–No quiero eso de ninguna manera- le dije ya molesto, más conmigo que con él.

***Las mentiras sobre el dinero que me llevaron a la quiebra***
Crecí en una familia unida y trabajadora, rodeado de abuelas, tías y primos que parecían hermanos. Todos compartíamos la lucha diaria por pagar las cuentas, y el dinero siempre iba y venía rápidamente. A menudo escuchábamos consejos bienintencionados sobre cómo manejar el dinero, pero con el tiempo me di cuenta de que muchas de esas creencias me llevaron a cometer errores financieros.

Te voy a compartir las mentiras sobre el dinero que me enseñaron y te revelaré cómo cambiarlas te puede ayudar a crear libertad financiera.

**1. *Edúcate para ganarte la vida.*** Esto es lo que escuchaba: «estudia para conseguir un trabajo seguro». Muchas personas terminan de estudiar una profesión y oficio y no se vuelven a actualizar «porque ya tienen una profesión». Pero ganar dinero es solo una pequeña parte del éxito. La verdadera educación es aprender a manejar tu dinero, tus pensamientos y emociones.

**2. *Reformula tu visión: Estudia para vivir una vida plena.*** Estudia para aprender a manejar el dinero, edúcate financieramente para invertir, ahorrar, actualizarte todos los días en lo que haces y mejora cada día el manejo de tus pensamientos y emociones. No te limites a un diploma; busca mentores y recursos que te ayuden a alcanzar tus metas. Hoy, quien no estudia y se actualiza todos los días, no solo perderá grandes posibilidades de crecer en una época de grandes oportunidades, sino que será más vulnerable a los cambios. Hay gran oferta de educación gratis o muy económica de muy buena calidad como YouTube y muchas otras plataformas.

🖊 En los próximos 30 días, dedica al menos una hora al día a educarte sobre inversión inmobiliaria. Revisa mi canal de YouTube, escucha pódcasts, lee libros o toma un curso en línea. Enfócate en aprender las bases: cómo evaluar propiedades, cómo obtener financiamiento, cómo ser un buen propietario. Esta educación será la clave para tu éxito. Convierte el aprender en un juego.

**3. Ahorra primero y luego paga tus cuentas. Si esperas a que sobre dinero, nunca ahorrarás.** Me enseñaron cuando niño que el ahorro es algo que se hace cuando sobra dinero. En mi familia el ahorro era casi un lujo y quienes tenían ahorros era o porque no se daban gusto o eran tacaños, así que durante muchos años yo no tenía metas de ahorro y cuando las tenía eran mínimas y lo poco que podía ahorrar terminaba en cualquier capricho o «emergencia» familiar o en un intento de negocio que no entendía o no controlaba porque usualmente terminaba en pérdidas de dinero.

Aprendí que la única forma de salir de la trampa de la rata es ahorrando e invirtiendo en forma segura y responsable. Me propuse metas de ahorro exigentes, que cumplía con pasión y determinación. Esto cambió mi percepción sobre mi capacidad de invertir.

*Cambio de enfoque:* Decide con determinación adquirir el hábito del ahorro, págate primero o nunca habrá para ti y tu yo viejo. Ahorra antes de pagar tus gastos. Prioriza tu ahorro como una inversión en tu futuro, no como algo secundario. No esperes a que sobre dinero. Si aprendes a invertir en forma segura en algo que controles como ahorrar para la cuota inicial de un inmueble del que la renta pague la hipoteca, con el tiempo crearas ingresos pasivos y encontrarás un sentido para tus ahorros.

 Si te despidieran del trabajo o bajaran tus ingresos de un día para otro, ¿encontrarías cómo bajar tus gastos en un 20 % o 30 % de una forma radical y en poco tiempo? Si quieres cambiar tu vida, tienes que decidir comenzar. Lee mi libro *Un inmueble al año no hace daño,* lo encuentras en cualquier librería y en Amazon.

*Establece una meta de ahorro:* crea un pequeño fondo de emergencia y decide pagar tus deudas, menos la hipoteca de la casa. Abre una cuenta de ahorros separada y ajusta tus gastos a lo que queda. Mantén este hábito mes a mes. Estos ahorros serán tu capital inicial para comprar tu primera propiedad de inversión. Organiza tu crédito, continúa educándote financieramente, busca inmuebles, visítalos y pregunta, aunque no tengas dinero inicialmente. Hazlo solo para aprender y prepararte.

*Errores fatales con tus AHORROS - ¿Estás trabajando solo para sobrevivir o estás construyendo un futuro para vivir en libertad?* En este video descubrirás los errores más comunes que estás cometiendo con tus ahorros y cómo corregirlos. Ahorrar no es simplemente acumular dinero; es construir los cimientos de una vida estable y llena de oportunidades. Cada vez que tus ahorros se pierden, se llevan consigo tranquilidad, sueños y posibilidades. Ahorrar es una elección consciente que refleja cuánto valoras tu bienestar y el de los tuyos. No importa cuánto ganes, lo importante es cómo gestionas y proteges lo que tienes para transformar tu esfuerzo en seguridad financiera.

**NO HE PODIDO HACERLO POR:** *MI PASADO, MI PAREJA, MI SALUD, LOS POLÍTICOS, EL DINERO, EL TIEMPO...*

# LA VERDAD ES QUE NO ME HE COMPROMETIDO A HACERLO

**4. Gana más para vivir mejor.** De mis padres aprendí que el dinero primero era para pagar deudas, pagar los gastos básicos y de ahí en adelante el dinero que sobraba era para mejorar la calidad de vida; la aprobación familiar era para quien cumpliera con sus obligaciones y de ahí a darse gusto. Me decía: para eso se trabajaba duro, la vida hay que vivirla, quien me quita lo bailado, cuando muera no me puedo llevar nada, además para ser rico se necesitaba mucho dinero y unos centavos más o menos que me gastara en vivir un poco mejor no harían la gran diferencia en el futuro, en cambio, si en el presente podía disfrutar con mi familia y amigos.

Esta forma de pensar me llevó a darle prioridad a darme gusto. Sin pensar, subía los gastos fijos en pequeños o grandes lujos, con cuotas que cuando bajaban mis ingresos terminaba gastando más de lo que ganaba y cubriendo con deuda la diferencia. Vivir mejor se convertía en gastar también por apariencia o competencia social, lo que con el tiempo se convirtió para mí en una pesadilla porque la angustia por pagar las cuotas, no me permitía disfrutar nada del estilo de vida. Además, no les enseñaba a los míos el valor de lo que teníamos, de manera que no solo no agradecían, sino que exigían, como derecho, lo que yo sufría para darles con gran sacrificio.

Tarde aprendí que la clave no es cuánto ganas, sino cuánto te queda, cuánto ahorras e inviertes.

**Repiensa tus prioridades:** ¿Qué hace una buena ama de casa con escasos recursos? Por un lado, busca que el mercado se use de la mejor manera y que alcance lo más que se pueda. Es cómo hacer para que tu dinero te alcance para más: eso llamémoslo **Estrategia defensiva.**

Por el otro lado, el ama de casa busca como ganar algún dinero adicional, a eso llamémoslo ***Estrategia ofensiva:*** cómo puedes buscar, con inteligencia o un poco de esfuerzo adicional, ganar un 10% más. Eso será más de un sueldo al año para tu presupuesto y lo mandas a pagar deudas o para la cuota inicial de tu próximo inmueble.

Muchos de mis estudiantes, aunque son trabajadores y responsables, limitan sus posibilidades de lograr independencia financiera al adquirir un automóvil y una casa costosos, cuando podrían optar por opciones más accesibles. Dicen que es por los hijos, la verdad, los hijos valoran más la paz familiar que la apariencia.

 ✎ ¿Tu casa y/o tu automóvil te limitan tu capacidad de ahorro? ¿Cómo podrías solucionar adecuadamente esas necesidades y ahorrar? Haz los números y busca alternativas. ¿Cómo puedes bajar tus gastos y ganar un 10 % más al mes?

### Ser el millonario de la familia.

Como ganaba un poco más o tenía un automóvil nuevo, aunque lo debiera todo, me llamaban entre chiste y chanza el millonario de la familia. Esto me estimulaba a continuar gastando en lo aparente y ser el que invitaba y ayudaba a los que en la familia lo necesitaran, así fuera desbalanceado con mis capacidades económicas reales porque ser millonario era ayudarle (o cargar) a los que ganan menos. La verdadera riqueza es la libertad financiera, es decir, que tus ingresos pasivos cubran tus gastos sin que tengas que trabajar." ¡De ahí en adelante lo que quieras! Yo he enseñado a miles de personas a crear ingresos pasivos con bienes raíces en forma segura y con poco dinero.

Proponte una nueva meta: olvídate de la imagen del «millonario». Enfócate en educarte y crear ingresos pasivos que te permitan vivir sin depender de tu salario.

 Define cuánto ingreso pasivo necesitas para mantener tu nivel de vida actual. ¿Qué cambios podrías hacer hoy para acercarte a esa meta? Esa será tu meta a 10 años. Para seguir, divide esa cifra entre 10 para saber cuánto debes generar de ahorros para comprar un inmueble cada año.

**5. Progresa rápido para tener éxito joven.** La urgencia inicial de cubrir las necesidades básicas y salir de la escasez, me llevaron también a buscar soluciones rápidas. Sin embargo, una de las razones indudables por las que me quebré varias veces en mi vida, fue por la impaciencia y buscar dinero rápido. Ser eficiente era lograr y tener todo YA. El éxito no radicaba en hacerlo bien y con calma, sino en lograrlo rápidamente. La paciencia y la calma eran mediocridad, falta de energía y de creatividad. Esto me llevaba a buscar negocios grandes y rápidos que generalmente terminaban en desastres, pérdida de dinero y más deudas.

Eso destruía lo que estaba funcionando en mi vida. El éxito rápido es una ilusión y quien lo obtiene sin estar preparado se enfrenta a grandes desafíos. El verdadero éxito financiero, y el de todas las áreas de la vida, viene con la educación, la paciencia y la planificación.

*Replantea tu enfoque:* No busques la gratificación instantánea. Primero, crea un plan financiero a corto plazo: bajar tus gastos y pagar tus deudas malas. Luego haz uno a mediano plazo (de 3 a 5 años): comprar tu primera propiedad de renta. Finalmente, plantéate un plan a 10 años: crear ingresos pasivos para pagar tus gastos mensuales sin tener que trabajar. Para cumplir estos planes, trabaja de forma constante y mejora el manejo de tus pensamientos y emociones cada día.

¿Qué decisiones financieras has tomado por querer resultados rápidos y qué consecuencias tuvieron para ti? Basándote en estas experiencias, ¿qué criterios establecerás para tomar decisiones financieras más sólidas en el futuro? ¿Cómo aplicarás estos criterios a una decisión financiera que estés considerando ahora?

 Solo por jugar... si te dijeran que en dos años vas a morir de una enfermedad incurable, ¿qué harías diferente para dejar a tu familia segura? Y ten en cuenta que por tu enfermedad nadie te dará dinero por el seguro de vida.

 Diseña un plan financiero a 10 años, con metas anuales. Por ejemplo:

**Año 1:** Pagar deudas malas, mejorar mi crédito y ahorrar fondo de emergencia, tomar cursos en línea para mejorar mis ingresos, inscribirme en un curso de educación financiera.

**Año 2:** Ahorrar para la cuota inicial de un inmueble que se pague con la renta y comprar 1 propiedad de inversión. Hacer otro curso de educación financiera y de actualización profesional.

**Años 3 a 10:** Aumentar portafolio a 10 propiedades que generen ingresos pasivos, suficientes para reemplazar mis ingresos de trabajo y los gastos de la familia en caso de que no pueda trabajar.

Enfócate en cumplir cada meta a su tiempo, sin esperar resultados extraordinarios de la noche a la mañana.

Recuerda que la clave está en la educación, la disciplina y la paciencia. Si sigues estos pasos de manera constante, estoy seguro de que en 10 años podrás lograr tu meta de tener 10 inmuebles generándote ingresos pasivos para vivir con total libertad financiera. ¡Éxito!

*6. Cuando tengas dinero, tendrás paz.* El objetivo era ganar lo máximo, lo más rápido posible. Eso me llevaba a vivir tensionado e irritable, a descuidar mis relaciones y mi salud, pero pensaba: ya tendré paz cuando tenga dinero.

La búsqueda desesperada de dinero para tener más paz me llevó a crear más angustia e inestabilidad en mi vida. El dinero por sí solo no te da paz. La verdadera tranquilidad financiera viene de tener claridad sobre tu plan y de la certeza de estar en control de tus finanzas así existan altibajos. Aprende a manejar tus pensamientos y emociones.

✏ Recuerda un momento en el que no tenías problemas económicos, pero tu miedo o inseguridad acerca del dinero no te dejaban en paz. Ahora recuerda otro momento en el que apenas tenías lo necesario, pero sentías seguridad y tranquilidad financiera. ¿Qué acción específica harás para reducir esta fuente de angustia innecesaria?

✏ Escribe 5 maneras en las que te creas angustia o tensión innecesarias acerca de tu situación financiera.

**7. *Haz negocios para ganar más.*** Cuando era más joven, los adultos que me rodeaban me decían «eres muy bueno para los negocios» porque me gustaba vender cosas o hacer trabajos para los vecinos. Pero eso no es hacer negocios; es ganar dinero. Hacer un negocio es crear un sistema para ganar dinero y crecer. Eso hay que aprenderlo de dos maneras: con errores o con educación, y no teórica, sino de alguien que ya sepa hacerlo. Por esto, ser empleado al comienzo de la carrera puede ser una gran escuela, así como tomar cursos de quien cuenta con estudiantes que ya han tenido éxito aplicando esas enseñanzas.

¿Qué cualidades o recursos tienes, que no estás utilizando, que te pueden ayudar a ganar más dinero? ¿Qué necesitas aprender para gestionar mejor tus finanzas y cómo lo vas a hacer?

### *¿Qué estoy haciendo mal? Corrige tu estrategia financiera*
¿Pensamiento de consumidor o de inversionista? Durante años me preguntaba con desespero en mis noches de desvelo por mis preocupaciones por falta de dinero. Estoy trabajando duro, no sé cómo ganar más y tampoco de donde puedo ahorrar. ¿Qué estoy haciendo mal? Antes pensaba que ser inversionista era muy difícil y sofisticado, pero en realidad tiene que ver con muchos de los principios y reflexiones que hemos repasado en este libro, aplicadas a las finanzas personales. Reconocerás algunas que ya mencionamos.

### *La libertad financiera no la lograrás trabajando más, sino pensando de forma diferente*
¿Por qué algunas personas parecen tener suerte con el dinero mientras otras luchan constantemente por llegar a fin de mes? La respuesta no está en la suerte, sino en su forma de pensar, hábitos financieros y decisiones conscientes.

Todo cambió cuando descubrí una verdad clave: tenía mentalidad de consumidor, mientras que otros cultivaban una mentalidad de inversionista.

Estas son las características que diferencian estas dos formas de pensar y cómo pueden transformar tu vida.

### *Juan, un joven de 23 años | EPISODIO 438*

llegó a Estados Unidos a los 20 años con visa de turista y sin hablar inglés, decidido a estudiar ciencias de la computación. A pesar de las dudas y oposiciones de su familia, se lanzó a la aventura, invirtió sus ahorros, lo que le permitió pagar sus estudios y mudarse a California. A los 23 años, ha comprado su primera propiedad. Su mentalidad de inversionista lo llevó a priorizar inversiones a largo plazo, como el uso de sus ganancias para educación en lugar de gastos inmediatos. Aunque sigue con visa de estudiante, planea seguir invirtiendo en bienes raíces. Su capacidad para asumir riesgos calculados, su enfoque a largo plazo y su visión estratégica son claves para su éxito.

### 1. Quien tiene pensamiento de inversionista asume su responsabilidad

Las personas con mentalidad de inversionista saben que la clave del cambio está en asumir la responsabilidad de sus decisiones. No culpan a otros, ni al gobierno, ni a su jefe, al socio, a la pareja ni a las circunstancias. En cambio, se enfocan en lo que pueden controlar y toman acción para mejorar. El consumidor cuenta su historia como víctima y el inversionista reconoce sus errores y sus lecciones y sigue adelante.

*Ejemplo 1:* Javier, un empresario que perdió todo en una quiebra, asumió la responsabilidad de sus errores financieros. En lugar de culpar a otros, aprendió educación financiera, ajustó su presupuesto y comenzó a invertir en pequeños negocios locales. Hoy está construyendo nuevamente su libertad financiera.

*Ejemplo 2:* Mariana, una ingeniera de software, entendió desde joven que ahorrar e invertir eran su responsabilidad. Comenzó a invertir el 20% de su sueldo en fondos indexados, y ahora, a los 34 años, vive con tranquilidad financiera gracias a los ingresos pasivos que ha generado.

 🖉 Recuerda un error financiero reciente. ¿Cómo podrías haberlo manejado de manera diferente? ¿Qué lección puedes aplicar a tus decisiones futuras?

**2.  *Quien tiene pensamiento de inversionista, maneja sus ingresos y gastos con precisión***

La riqueza no depende solo de cuánto ganas, sino de cómo administras lo que tienes. Los inversionistas controlan sus gastos, llevan presupuestos y evitan las deudas innecesarias.

*Ejemplo 3:* Hernando, un mayordomo en Colombia, ahorró sistemáticamente parte de su salario mínimo durante 40 años e invirtió en bienes raíces. Hoy tiene un patrimonio de más de 2 millones de dólares y vive con total libertad financiera.

*Ejemplo 4:* Ana y Luis, una pareja joven, aprendieron a manejar sus finanzas cuando se dieron cuenta de que el 30 % de sus ingresos se destinaba a pagar intereses por tarjetas de crédito. Ahora llevan un presupuesto estricto y están en camino de pagar todas sus deudas y saben que ese 30 % que pagan en intereses y deudas será destinado al ahorro y la inversión.

 ¿Cuánto dinero podrías ahorrar si controlarás al detalle tus ingresos y egresos?

 Usa una app de finanzas personales para registrar todos tus gastos durante un mes. Identifica áreas de mejora y establece un presupuesto ajustado.

### 3. Quien tiene pensamiento de inversionista crea ingresos pasivos

Los inversionistas no dependen únicamente de sus ingresos activos (salario). Construyen activos que generan ingresos pasivos, como bienes raíces, inversiones en dividendos o negocios automatizados que no dependen de su trabajo.

*Ejemplo 5:* Rosa, una maestra rural, compró un terreno con su primera prima laboral y construyó pequeñas viviendas para alquilar. Hoy, además de su pensión, recibe ingresos pasivos que le permiten vivir tranquila.

 ¿Qué tipo de activos podrías construir hoy para generar ingresos pasivos que reemplacen tu ingreso laboral?

 Calcula cuánto dinero necesitarías en ingresos pasivos para vivir cómodamente y diseña un plan para alcanzar esa meta.

### 4. Quien tiene pensamiento de inversionista piensa a largo plazo

Quienes tienen mentalidad de consumidor suelen gastar en placeres inmediatos, mientras que los inversionistas sacrifican ahora para obtener tranquilidad después.

Entienden que las pequeñas decisiones diarias se acumulan con el tiempo.

*Ejemplo 6:* Andrés, un diseñador gráfico freelance, se mudó a un apartamento más pequeño y vendió su auto para reducir gastos. Ahora ahorra el 30% de su ingreso mensual y lo invierte en criptomonedas y bienes raíces. Su objetivo es comprar un inmueble al año durante 10 años, así en 15 años tener una pensión adicional.

 🖋 ¿Qué pequeños sacrificios podrías hacer hoy para garantizar tu tranquilidad financiera mañana?

 🖋 Establece un plan de ahorro a largo plazo y define metas anuales claras, como comprar un activo que genere ingresos.

### 5. *Quien tiene pensamiento de inversionista se educa constantemente*

Los inversionistas dedican tiempo y dinero a aprender sobre finanzas, negocios y habilidades relevantes. Saben que la educación es una herramienta clave para el éxito.

*Ejemplo 7:* Sofía, una maestra, convirtió sus ahorros en inversiones después de estudiar educación financiera. Ahora disfruta de ingresos pasivos y está en camino de un retiro anticipado.

  🖋 ¿Cuánto tiempo y dinero has invertido en educarte financieramente este año?

 🖊 Dedica 15 minutos al día a aprender sobre finanzas personales a través de libros, podcasts o videos educativos.

**6. Quien tiene pensamiento de inversionista maneja el fracaso como aprendizaje**

Para los inversionistas, los fracasos son oportunidades para aprender, no derrotas permanentes.

***Ejemplo 8:*** Arturo Calle, uno de los empresarios más exitosos de Colombia, nunca ve las crisis como fracasos. Habla de aprendizajes y oportunidades, manteniendo una perspectiva positiva incluso en tiempos difíciles.

 🖊 ¿Cómo podrías transformar tus últimos fracasos en aprendizajes valiosos?

 🖊 Escribe en tu bitácora tus dos últimos errores financieros y las lecciones que aprendiste. Reflexiona sobre cómo aplicarlas para mejorar tu situación actual.

**Conclusión: tú también puedes cambiar**

Adoptar la mentalidad de inversionista no significa cambiar de la noche a la mañana, pero con disciplina y pequeños pasos, puedes transformar tu vida financiera. No importa tu ingreso actual; lo importante es comenzar y ser consistente.

*Álvaro, a los 21 años compró su primera propie-* *dad siendo estudiante universitario, | EPISODIO 400*  muestra cómo la fijación de metas claras y la determinación de cumplirlas paso a paso pueden transformar la vida. Este joven es la viva representación de cómo la determinación y la mentalidad adecuada pueden transformar la vida de una persona. Desde joven soñó en grande y trabajó paso a paso para hacer realidad sus metas. Estableció como objetivo tener una propiedad completamente pagada antes de los 30, lo cual logró dividiendo esa meta en pequeñas acciones, como ahorrar para la cuota inicial y hacer planes a largo plazo. Álvaro convirtió desafíos en escalones hacia el éxito, demostrando que, con determinación y visión, todo es posible. Su historia es prueba de que, cuando te preparas, actúas y persistes, los sueños dejan de ser solo ideas y se convierten en realidad.

# Tu próximo paso

Y si algo he aprendido es que la vida no cambia con una gran decisión, sino con miles de pequeñas decisiones cada día.

Este libro lo escribí para ti. Es el libro que hubiera querido leer cuando tenía 18 años. Si llegaste hasta aquí, significa algo importante: **quieres mejorar y, lo más valioso, estás en disposición de hacer algo al respecto.** La mayoría dice que quiere una mejor vida, pero pocos realmente toman acción. **Yo admiro tu compromiso contigo.**

Espero que estas páginas te hayan ayudado a:

▶**Reconocer tus logros** y darte cuenta de todo lo que has conseguido hasta ahora.

▶**Identificar tus cualidades** y usarlas como herramientas para lograr lo que deseas.

▶**Distinguir lo que te aleja de tus metas** y cambiar esos patrones para acercarte a ellas.

▶**Hacerte mejores preguntas** que te lleven a las respuestas que realmente necesitas.

Alguien le preguntó al Dalai Lama:
"¿Cuándo sabemos que hemos terminado de trabajar con la mente y las emociones?"
Él respondió: *"Cuando mueras."*

El trabajo interno es un ejercicio diario, como asearse, comer o dormir. Cada momento es una oportunidad para elegir cómo quieres vivir. *No es una sola decisión la que cambia tu vida, sino miles de pequeñas decisiones cada día.*

Ahora te invito a hacer algo más: *revisa este libro y tus notas en unos días o semanas.* Te sorprenderás al descubrir que lo verás con una nueva perspectiva. *Habrá días de miedo, de confusión, de ego y de entusiasmo desbordado. En esos momentos, recuerda esto: no pienses en el camino entero, solo da el próximo pequeño paso, uno que sea congruente con lo que eres y lo que quieres.*

Si este libro te ha sido útil, compártelo con otros. Tu historia podría inspirar a alguien más. Deja tu reseña en Amazon; cada testimonio puede iluminar el camino de otra persona.

*«Las pequeñas acciones de hoy crean los grandes cambios del mañana.»*

Si sigues por este camino con la misma determinación con la que has leído hasta aquí, obtendrás grandes recompensas. *Nunca imaginé la maravillosa vida que hoy tengo.*

Y ahora, querido lector, la pregunta es:
*¿Qué vas a hacer con lo que has aprendido?*
La respuesta ya está en ti.

*Gracias por permitirme acompañarte en este viaje.*
*Nos vemos en el camino.*

▶¿Quieres seguir la conversación?
▶Instagram: @CarlosDevis
▶www.carlosdevis.com
▶carlos@carlosdevis.com
▶Comparte tu historia: Amazon.com/review

# «CUANDO EL AMOR Y LA TÉCNICA SE TRABAJAN JUNTOS, *ESPERA UNA OBRA MAESTRA»*

*JOHN RUSKIN*

APÉNDICE

# Reflexiones y herramientas adicionales

Si has llegado hasta aquí, ya has dado un paso importante en tu crecimiento personal. Sin embargo, el camino no se recorre solo. Muchas veces intentamos resolver nuestros problemas sin apoyo, sin darnos cuenta de que existen herramientas y personas capacitadas para guiarnos.

El cambio personal no ocurre en aislamiento; rodearnos de mentores, terapeutas o coaches puede acelerar nuestro crecimiento y ayudarnos a tomar mejores decisiones. Buscar ayuda no es una señal de debilidad, sino de inteligencia y compromiso con uno mismo.

Hoy, gracias a la tecnología, acceder a orientación profesional es más fácil que nunca. Si sientes que necesitas apoyo para superar desafíos emocionales, financieros o personales, no dudes en explorar los recursos disponibles y dar el siguiente paso hacia una vida más plena.

*carlosdevis.com* Si las herramientas de este libro te han sido útiles, te recomiendo mi taller online. Cuenta con videos organizados de manera efectiva, clases virtuales en vivo y facilitadores capacitados que han superado problemas económicos, creado ingresos pasivos con bienes raíces de forma segura y, lo más importante, transformado su pensamiento al aprender y aplicar lo que te compartí en este libro. Tenemos miles de estudiantes de más de 60 países, con distintos niveles de educación.

**Mi esposa Diana ofrece talleres** muy prácticos de desarrollo personal, con facilitadores y temas muy transformadores *en* **reinventate.net** *y constelacionesfamiliares.com*

***Cómo elegir un terapeuta o coach: claves para transformar tu vida con apoyo de un experto:***
No todos los terapeutas o coaches son iguales y una elección bien informada puede marcar la diferencia en tu experiencia. Aquí tienes los pasos clave que debes seguir para elegir al profesional adecuado:

**1. Define tus objetivos.** Antes de buscar a un profesional, identifica lo que quieres lograr. Si quieres superar la ansiedad, el estrés o los traumas, probablemente un terapeuta sea más adecuado. Si buscas claridad en tus metas, mejorar tu rendimiento o desarrollar nuevas habilidades, entonces un coach puede ser la mejor opción. Tener claro lo que necesitas te ayudará a encontrar a alguien con la experiencia y el enfoque adecuados.

**2. Investiga y pide referencias.** Pregúntales a personas de confianza si conocen a un terapeuta o coach que puedan recomendarte. Busca opiniones en línea, lee reseñas o visita sus perfiles profesionales para conocer su experiencia, formación y enfoque.

**3. Entrevista a varios profesionales.** Hablar con más de una persona te permitirá evaluar quién encaja mejor contigo. Durante estas conversaciones, pregúntales sobre su metodología y enfoque, habla de tus objetivos para asegurarte de que entienden tus necesidades y evalúa si te sientes cómodo y escuchado. La conexión personal es crucial para el éxito del proceso.

**4. Considera su experiencia.** Elige a alguien con experiencia relevante en el área que te interesa. Por ejemplo, si buscas superar traumas, contacta a un terapeuta con formación en terapia cognitivo-conductual o EMDR. Si necesitas apoyo en metas profesionales, busca a un coach certificado en desarrollo personal o empresarial.

Ahora, elegir al profesional adecuado es solo el primer paso. Tu actitud y compromiso son esenciales para que el proceso funcione, así que:

• **Ábrete al proceso.** Hablar de tus emociones, patrones y miedos requiere de valentía. Sé honesto contigo mismo y con tu terapeuta o coach para obtener el mayor beneficio del proceso.

• **Reflexiona y actúa.** Los mejores profesionales te ofrecen herramientas y perspectivas, pero tú eres quien debe implementarlas. La reflexión constante y la acción consciente son claves para el cambio.

• **Ten paciencia.** El crecimiento personal no ocurre de la noche a la mañana. Es un proceso que requiere de tiempo, especialmente si estás trabajando en heridas emocionales profundas o en cambiar hábitos arraigados.

• *Valora los pequeños cambios.*

A menudo subestimamos los pequeños avances, pero cada paso cuenta. Celebrar tus logros, por pequeños que parezcan, te motivará a seguir adelante. Cuando escojas a tu coach o terapeuta, verás estas señales si lo has escogido bien y a consciencia:

• Te sientes cómodo abriéndote y compartiendo.
• Percibes que te están escuchando sin juzgarte.
• Recibes herramientas prácticas que puedes aplicar en tu vida.
• Notas cambios positivos en tu pensamiento, emociones o acciones.

• *Plataformas de Terapia Psicológica en Línea:*
   **1. Terapify**

Plataforma que ofrece terapia psicológica en línea por videollamada. Brinda acceso fácil, seguro y privado a psicólogos en español.

   **2. Mejor Hablemos**

Servicio de psicoterapia en línea diseñado para ayudar a personas de habla hispana a superar desafíos emocionales con el acompañamiento de terapeutas calificados.

   **3. Terapia Hispana**

Dirigida a la comunidad latina en Estados Unidos y otros países, esta plataforma ofrece terapia en línea con profesionales que entienden la cultura y el idioma.

   **4. Terapia Mía**

Conecta a usuarios con psicólogos en línea en español, permitiendo recibir terapia desde cualquier lugar del mundo.

   **5. CuidadosaMENTE**

Plataforma en español que ofrece terapia psicológica en línea, enfocada en el bienestar emocional y el crecimiento personal.

**• Plataformas de Coaching en Línea:**

**1. CoachHub**

Plataforma digital de coaching empresarial y liderazgo, ideal para personas que buscan mejorar su desarrollo profesional.

**2. Click & Coach - Talentis**

Permite mejorar el rendimiento personal y profesional mediante programas de coaching en línea adaptados a distintas necesidades.

**3. CoachMap**

Plataforma donde puedes encontrar coaches certificados y reservar sesiones en diversas áreas de desarrollo personal y profesional.

**4. CoachReady**

Ofrece coaching ejecutivo en línea para individuos y empresas, ayudando a mejorar habilidades de liderazgo y toma de decisiones.

**• Participa de una manera activa.**

Contribuye en las dinámicas y haz preguntas.

**• Aplica lo aprendido.**

Los conocimientos solo son útiles si los implementas en tu vida.

  🖉 ¿Qué estás buscando mejorar en tu vida ahora mismo?

Tómate el tiempo de elegir sabiamente y recuerda que el verdadero cambio comienza contigo. ¡Atrévete a dar el primer paso!